AF555216

RÉPUBLIQUE FRANÇAISE
Liberté — Égalité — Fraternité

DÉPARTEMENT DE LA SEINE

DIRECTION DES AFFAIRES DÉPARTEMENTALES

ÉTAT DES COMMUNES

A LA FIN DU XIXe SIÈCLE

publié sous les auspices du Conseil Général

LE PLESSIS-PIQUET

NOTICE HISTORIQUE
ET
RENSEIGNEMENTS ADMINISTRATIFS

MONTÉVRAIN
IMPRIMERIE TYPOGRAPHIQUE DE L'ÉCOLE D'ALEMBERT
1898

8° 8253

LE PLESSIS-PIQUET

MONOGRAPHIES

En vente :

ÉPINAY
PIERREFITTE
STAINS
VILLETANEUSE
ORLY
DUGNY
ANTONY
LE BOURGET
FRESNES
RUNGIS
THIAIS
DRANCY
LE PLESSIS-PIQUET

Sous presse :

VILLEMOMBLE
BONDY

En préparation :

CHOISY-LE-ROI
ROMAINVILLE

RÉPUBLIQUE FRANÇAISE
Liberté — Égalité — Fraternité

DÉPARTEMENT DE LA SEINE

DIRECTION DES AFFAIRES DÉPARTEMENTALES

ÉTAT DES COMMUNES

A LA FIN DU XIXe SIÈCLE

publié sous les auspices du Conseil Général

LE PLESSIS-PIQUET

NOTICE HISTORIQUE
ET
RENSEIGNEMENTS ADMINISTRATIFS

MONTÉVRAIN
IMPRIMERIE TYPOGRAPHIQUE DE L'ÉCOLE D'ALEMBERT

1898

NOTICE HISTORIQUE

LE PLESSIS-PIQUET[1]

Anciennement communauté,— sous le nom du Plessis-Raoul ou du Plessis-Raoul, dit Piquet,— de la Généralité et de l'Élection de Paris, subdélégation de Choisy-le-Roi; paroisse du doyenné de Châteaufort.

De 1787 à 1790, municipalité du département de Corbeil, arrondissement de Longjumeau.

De 1790 à l'an IX, commune du district de Bourg-la-Reine (supprimé en l'an III) et du canton de Bourg-la-Reine.

Depuis l'an IX, commune de l'arrondissement et du canton de Sceaux.

1. Il existe en France un grand nombre de localités dénommées le Plessis, le Plessier ou le Plessac, qui ont la même étymologie. A ce nom, pour plusieurs d'entre elles, est accolé un surnom, qui est celui d'un ancien propriétaire du lieu (le Plessis-Bouchard, le Plessis-Dorin, le Plessis-Piquet, etc.), ou qui est emprunté à une circonstance géographique (le Plessis-aux-Bois, le Plessis-Patte d'oie, etc.), ou encore qui est le vocable de l'église ou chapelle (le Plessis-Saint-Jean, le Plessis-Sainte-Opportune, etc.).

I. — FAITS HISTORIQUES

En face de Bourg-la-Reine, s'ouvre une vallée perpendiculaire à celle de la Bièvre, formant un amphithéâtre de collines dont le fond se rétrécit et vient s'adosser au plateau de Châtillon. Ces hauteurs étaient jadis entièrement couvertes de bois; elles ont été en partie déboisées lorsque les territoires de Fontenay, à l'ouest de la vallée, de Sceaux à l'est, ont vu s'accroître leur population; celui du Plessis, qui, au sud, occupe l'extrémité de la vallée et s'étage sur la colline jusqu'à son sommet, a gardé sa verdoyante forêt à l'abri de laquelle les maisons du village semblent se dissimuler; d'où un aspect pittoresque et charmant avec d'incomparables points de vue, tant sur l'amphithéâtre lui-même que sur les plaines si riches de Châtenay et d'Antony.

Le site est, en même temps, des plus favorables à la défense : un fort construit au point culminant de la route de Malabry serait inexpugnable et couvrirait toute la vallée de la Bièvre. S'il n'existe pas aujourd'hui, il existait autrefois, car telle est l'origine du pays et de son nom. On désignait en effet pendant le moyen âge par plessis *(plexitium)* un terrain enclos de palissades et d'entrelacement de branches d'arbres, sorte de fortification un peu primitive, que, plus tard, on a nommée redoute.

La construction de cet ouvrage était chose faite au commencement du XIIe siècle, sans que l'on puisse préciser davantage. Le nom du Plessis apparaît pour la première fois dans l'histoire en 1112 par un document qui, du même coup, nous renseigne sur la condition faite à ses habitants au point de vue paroissial. C'est une charte émanée du doyen et du Chapitre de la Cathédrale de Paris; on trouvera, à la suite de cette Notice historique (p. 29), son texte latin; ici, nous nous bornerons à en donner une analyse substantielle [1].

Le Chapitre fait connaître qu'avec son autorisation, un personnage, nommé Barthélemy, et sa femme, ont édifié, dans leur village

1. Dans son excellent livre sur le Plessis, auquel nous aurons bien souvent recours, M. Georges Teyssier n'a pas publié l'original de cette charte; il n'en a donné qu'une traduction, sans rappeler que l'acte primitif est en latin.

nommé le Plessis, une église qui, de même que celle de Châtenay, dépendra exclusivement de la Cathédrale sans que ni les fondateurs ni leurs successeurs aient quelque pouvoir de nommer, renvoyer, changer, sans l'avis du Chapitre, le ou les prêtres qui la desserviront.

Pour cette fondation, ils ont donné au desservant deux arpents de terre voisins du Plessis, avec tout droit de justice et de voirie. Ils ont, de plus, donné au Chapitre une somme de cent sous pour permettre d'acheter des terres ou des vignes destinées à ce desservant. Et comme le Plessis est situé sur la paroisse de Saint-Germain de Châtenay, l'accord suivant est conclu pour qu'il ne puisse y avoir de contestation entre les deux desservants : aux six fêtes principales de l'année, qui sont la Noël, l'Épiphanie, la Purification, Pâques, la Pentecôte et la fête patronale de Saint-Germain, tous les habitants du Plessis, sauf les enfants et les serfs, seront tenus de se rendre à l'église de Châtenay, dont ils sont paroissiens, pour y observer les solennités et y faire les offrandes habituelles. C'est aussi le curé de Châtenay qui procédera aux confessions, visites, baptêmes, sépultures des habitants du Plessis, sauf en cas de nécessité ; c'est, dans ce cas, le desservant du Plessis qui accomplira les cérémonies, mais sans pouvoir en tirer profit. Si une donation lui est faite par quelqu'un des habitants du Plessis retenu par la maladie, la moitié en reviendra au curé de Châtenay. Si cette donation est faite en vue de reconstruire ou de réparer l'église du Plessis, elle sera acquise tout entière à cette église. Il est encore convenu que les fondateurs ne recevront au Plessis aucun hôte du Chapitre habitant Châtenay ou les deux bourgs nommés Sceaux, sans l'autorisation du Chapitre, de façon qu'il n'en reçoive aucun préjudice.

Cet acte est daté de Paris, l'an 1112 et la quatrième année du règne de Louis VI. On remarquera le soin avec lequel les chanoines de Notre-Dame veillaient sur leurs prérogatives et faisaient respecter les droits de la paroisse de Châtenay. En fait, la création d'une église au Plessis devenait assez inutile avec tant de restrictions, et l'on se demanderait pourquoi elle avait été autorisée, si l'on ne savait que des chartes de ce genre avaient, avant tout, pour objet de prévoir une indemnité pécuniaire que l'église de Châtenay obtint sans aucun doute lorsque celle du Plessis fut réellement constituée en paroisse. Nos recherches ne nous ont pas permis d'établir à quelle date. De même, on n'a pas d'autres renseignements sur ce Barthélemy, qui parait bien avoir été le plus ancien seigneur du Plessis.

A la fin du même siècle, apparaît celui qui donna au village son premier surnom distinctif. On lit dans le *Cartulaire de Notre-Dame de Paris*, qui nous a déjà fourni la charte de fondation de l'église, plusieurs mentions de Raoul du Plessis, que, d'autre part, l'*Histoire généalogique de la maison de France*, du P. Anselme, signale comme chambrier du roi en 1186. On le trouve en 1196 servant de témoin et de caution dans l'acte d'acquisition d'une dîme par la Cathédrale, à Châtenay; lui et son fils, nommé également Raoul, figurent dans d'autres pièces du temps de Philippe-Auguste et de Louis IX, et, par la nature de ces contrats, on voit qu'ils possédaient des maisons et des terres à Paris. C'est sans doute alors, nous le répétons, qu'on commença à dire le Plessis-Raoul, d'autres localités nommées le Plessis existant dans la région qui avoisine Paris.

Un descendant de cette famille, Guiart, se fit enterrer en 1317 dans l'église du Plessis. La pierre tombale y est encore, mais tellement usée qu'elle est complètement indéchiffrable. Au siècle dernier, l'abbé Lebeuf, le savant historiographe du diocèse, avait pu la transcrire en partie: *Cy gist... Guiart du Plessis, escuier, qui trespassa le premier jour d'aoust, l'an M.CCCXVII. Priez pour li. Et ici gist damoiselle de la Fare, laquelle trespassa l'an M.CCCXXXVI, le mercredi de....*

La série des possesseurs du fief reste ensuite interrompue pendant près d'un siècle. Il faut arriver au temps de Charles VI pour y trouver comme seigneur Jean de la Haye, dit Piquet. Ce personnage joua dans l'histoire de son époque un rôle important que M. Teyssier (*le Plessis-Piquet*, pp. 13-22) a fort bien mis en lumière. Il appartenait à une famille normande, — la seigneurie de la Haye étant voisine de Coutances, — et l'on ne sait pourquoi il ajouta à son nom celui de sa mère, au point que, parfois, les documents portent simplement Jean Piquet, ou Piquet de la Haye. On ignore aussi comment la terre du Plessis vint en sa possession; il est bien probable que ce fut par son mariage avec Jeanne Dupuis, veuve de Nicolas Brulart, laquelle possédait à Paris plusieurs maisons. Trésorier général des finances, Jean de la Haye fut accusé de malversations, de trahison même, et il ne dut son salut qu'à la protection de la reine Isabeau de Bavière. Dans les comptes royaux conservés aux Archives nationales, M. Teyssier a retrouvé la preuve que cette reine fit un séjour en 1416 dans la demeure seigneuriale de Jean de la Haye, au Plessis. Nous lui empruntons les extraits suivants:

« A Thevenin Bridel, qu'il avoit presté du sien et donné par ordonnance de la Reine à une bonne femme qui lui avoit donné et présenté du fruit au Plessis-Piquet, par commandement de Jehanote.... 8 sols.

« A la Reyne, comptant pour Isabeau de la Fauconière, pour bailler à un joueur de basteau, nommé Mathieu Lestuveur, qui avoit joué devant laditte dame au Plessis-Piquet, le 1er jour de juillet .... 18 sols. »

Quelques jours après, la Reine quitta le Plessis pour Saint-Germain; elle fit partir devant elle un courrier : « A Jehan de Ruys pour ses despens à aller devant du Plessis-Piquet à Saint-Germain-en-Laye, par commandement de Biétrix de Ry. 5 juillet 1416.... 18 sols. »

Menacé d'arrestation par le dauphin en 1421, Jean de la Haye s'enfuit à la Rochelle, c'est-à-dire sur les terres anglaises. Passait-il à l'ennemi? On serait tenté de le croire, mais on voit, le 26 septembre 1423, Henri VI, roi de France et d'Angleterre, donner à son amé Guillaume de Dangueil, écuyer, les seigneuries « du Plessis-Raoul dit le Plessis-Piquet et de la Bourselière en la vicomté de Paris » jusqu'à concurrence de deux cents livres par an, « lesquelles seigneuries et terres ci-dessus dites sont à nous advenues, escheues et confisquées parce que Jehan Piquet et sa femme se sont rendus et constitués nos ennemis et adversaires, rebelles et desobéissants à nous et tenens le parti de Charles de Valois, notre ennemi et adversaire ....».

Plus tard, par acte du 4 octobre 1430, Henri VI constituait à Jean de Villiers, seigneur de l'Isle-Adam, maréchal de France, un revenu de 4.000 livres à prendre sur diverses terres, parmi lesquelles « le Plessis-Raoul et la Boissière, appartenant à feus Jehan de la Haye, dit Picquet [1] ».

Cette terre, que les deux actes ci-dessus désignent sous le nom de la Bourselière ou de la Boissière, n'existe plus dans la nomenclature des lieux dits de la région. Elle était nommée la Boursillière

1. *Paris pendant la domination anglaise.* Documents publiés par M. A. Longnon pour la Société de l'Histoire de Paris et de l'Ile-de-France, 1878, in-8, p. 315.

en 1680 dans la déclaration du bien des Feuillants que nous publions plus bas (p. 30). Ce même document mentionne aussi un canton dit les Anglesches, dont le nom doit dater de cette époque de domination anglaise. C'est du moins une hypothèse que nous préférons à celle de M. Teyssier, qui suppose que le pays avait été occupé par les troupes anglaises en 1360.

Jean Piquet était donc mort en 1430, laissant son nom à la seigneurie du Plessis. Il faut reconnaître cependant que la dénomination précédente: le Plessis-Raoul, prévalut, jusqu'à la Révolution, dans l'usage local; la plupart des actes que nous avons vus, des XVIIe et XVIIIe siècles, portent: le Plessis-Raoul dit Piquet [1].

Après la domination anglaise, le village eut pour seigneurs les Charles, qui le possédèrent pendant près de cent cinquante ans. Son histoire est cependant à peu près muette durant cette longue période. L'abbé Lebeuf put voir dans l'église les dalles tumulaires, disparues aujourd'hui, de *Nicolas Charles, écuyer, seigneur du Plessis et de Grandfontaine, lequel trespassa l'an mil V.C...*, — et de sa femme, Jeanne Bochar, morte le 27 décembre 1557. C'est eux sans doute qui firent représenter au Plessis un mystère en 1541, *le Jeu de la vengeance et destruction de Jherusalem,* fait curieux dont M. Coyecque a retrouvé la mention dans les archives d'un notaire de Paris.

Lebeuf, et M. Teyssier après lui, se sont trompés, croyons-nous, en disant qu'en 1609 Claude Charles vendit la seigneurie du Plessis à Louis Potier, seigneur de Gesvres, secrétaire d'État. Il existe aux Archives nationales (S. 4218) un acte sur parchemin, du 27 janvier 1616, aux termes duquel César Charles, écuyer, seigneur du Plessis-Raoul dit Piquet, fit remise des droits d'amortissement qui lui étaient dus pour les donations et acquisitions du couvent des Feuillants dans sa censive. C'est le lieu de parler de ce monastère, fondé alors depuis peu, et qui devait subsister au Plessis jusqu'à la fin de l'ancien régime.

En 1613, Étiennette Gayneau (ou Guéneau) avait fait don aux religieux Feuillants, dont le couvent à Paris était situé au faubourg Saint-Honoré, d'un corps d'hôtel au Plessis-Piquet, attenant à celui de Françoise de Cressé, veuve de noble homme Jehan de

1. Ce n'est pas seulement le village du Plessis qui a conservé le nom de Jean Piquet. Le passage Pecquay, à Paris, dans le IVe arrondissement, doit sa dénomination au même personnage.

Tonnelier, seigneur du Breteuil. Celle-ci, en 1615, donna au même monastère sa grande ferme du Plessis, en la grande rue du lieu, tenant au chemin de Clamart à Paris, aboutissant par le bas au chemin Dieu.

Postérieurement à ces donations, le 24 avril 1622, Françoise de Cressé et Étiennette Guéneau stipulèrent par-devant notaires les conditions qu'elles mettaient à leurs bienfaits. Le préambule de l'acte est bon à citer :

« .... Comme cy devant, elles auroient esté meues et incitées de fonder un monastère de ladite congrégation des Feuillans audict lieu du Plessis-Picquet, sur ce que les superieurs d'icelle congrégation leur auroient fait entendre qu'ils avoient besoin d'un lieu qui fust proche de Paris pour y mettre leur noviciat ou leurs estudians.....................» En conséquence, elles exigèrent que leur volonté fût entièrement suivie et observée, et que, s'il en était autrement et que les Feuillants n'entretinssent pas le nombre de religieux déterminé au prorata du revenu, « elles déclarent qu'elles veullent lesdictes donations estre comme non advenues, comme par effect audict cas elles les revocquent par ces presentes. Faulte d'accomplissement de leur intention, veulent et entendent que les biens par elles donnez à ladicte maison, generalement quelzconques, soient employez et affectez pour la nourriture et entretenement des pauvres de l'Hostel-Dieu de Paris.......»

On peut voir à la Bibliothèque nationale (département des estampes, topographie de la France, Seine, arrondissement de Sceaux), un plan cavalier au lavis de cet établissement religieux, qui était situé dans la partie supérieure du village, rue de la Cavée, aujourd'hui rue de Clamart. Les terres possédées par lui dans la paroisse étaient très considérables, ainsi que le prouve le dénombrement qui en fut fourni, le 24 décembre 1680, au seigneur du Plessis, Charles Levasseur. Nous le publions à la suite de cette Notice (pièces justificatives, n° II). Quelques années plus tard, en 1687, les Feuillants protestèrent contre le projet d'un nouveau chemin entre Versailles et la route de Fontainebleau, passant par l'Haÿ et le Plessis-Piquet ; ce chemin, disaient-ils, traverserait et couperait en deux un de leurs fonds de terre très fertile, et, par suite, il leur faudrait clore de fossés ces deux parties sur une étendue de douze cents toises[1]. Le chemin n'en fut pas moins fait

1. Archives nationales, Z1 f 1052.

(c'est l'ancienne route départementale 67, de Versailles à Choisy-le-Roi par Sceaux, aujourd'hui chemin de grande communication n° 60); il était intéressant de connaître la date de son ouverture.

Lorsque le couvent fut supprimé par la Révolution, son supérieur fournit à la municipalité, le 21 février 1790, un état détaillé des biens et des charges de la communauté. En voici les totaux:

	livres	sols	deniers
Revenu.	6.495	4	5
Charges	2.221	17	3
Revenu net. . .	4.273	7	2

Conséquemment, toutes les propriétés des Feuillants furent mises aux enchères comme biens nationaux et les habitants du bourg se les répartirent à bon compte.

Il convient maintenant de revenir en arrière pour reprendre l'histoire du Plessis au XVIIe siècle. Après la famille Charles, le château et la seigneurie appartinrent successivement aux Potier de Gesvres et à Charles Levasseur, conseiller du Roi, correcteur en sa Chambre des Comptes, qui les vendit à Colbert. M. Teyssier, dans le livre duquel on trouvera tant d'intéressants détails sur ces familles, se trompe légèrement lorsqu'il dit que cette vente fut faite en 1682. Le dénombrement des biens des Feuillants, en 1680, atteste qu'à cette date Colbert avait tout au moins des propriétés au Plessis-Piquet. Nous inclinons à croire que c'est ce grand ministre qui y fit construire ce qu'on peut appeler le petit château du Plessis (aujourd'hui Refuge israélite), car il est certain que c'est lui qui créa, pour ainsi dire, l'étang du Plessis, enclavé dans cette propriété, pour alimenter son château de Sceaux.

Pendant la première moitié du XVIIIe siècle, la seigneurie fut entre les mains de la famille célèbre des Montesquiou d'Artagnan. Pierre de Montesquiou, comte d'Artagnan, maréchal de France, gouverneur d'Arras, mourut dans son château du Plessis, le 12 août 1725, et fut inhumé dans l'église paroissiale. Il avait beaucoup contribué à l'embellissement du domaine. C'est lui, en outre, qui, pour capter les eaux du plateau de Malabry et en pourvoir son château, fit creuser l'étang supérieur; mais l'entreprise, mal conduite, ne réussit qu'à moitié, et bientôt l'étang en fut réduit, pour ne pas se tarir, aux eaux de pluie, d'où le surnom ironique qu'on lui donna : « l'écoute s'il pleut », et qui lui est resté officiellement en dépit d'une indéniable incorrection grammaticale.

De son vivant même, le maréchal de Montesquiou avait vendu la terre du Plessis au duc du Maine, seigneur de Sceaux, et ne s'en était réservé que le château. La seigneurie du Plessis resta désormais une dépendance de la baronnie de Sceaux jusqu'à la Révolution et fut administrée par les possesseurs de cette terre. On ne saurait donc comprendre dans la chronologie des seigneurs du Plessis, au même titre que les précédents, comme l'a fait M. Teyssier, ni Pierre Goblet (1755-1763), ni Nicolas-Mathieu Rotrou (et non Dutrou), de 1763 à 1776, ni Jérôme Bignon (1776-1785), ni Louis Dugas, enfin, car ils ne pouvaient être que seigneurs en partie du Plessis, comme châtelains du Petit-Plessis. A la date du 1er juin 1779, on trouvera dans les registres paroissiaux, aujourd'hui conservés à la mairie, l'acte de mariage, dans l'église du Plessis, d'Amable-Pierre-Albert de Bérulle, fils du marquis de Bérulle, premier président du Parlement de Dauphiné, avec demoiselle Blanche-Marie-Rosalie Hue de Miromesnil, fille du marquis de Miromesnil, garde des sceaux de France, et de Françoise-Blanche-Rosalie Bignon. La mariée était la nièce de Jérôme Bignon, bibliothécaire du Roi, et, ce jour-là, la modeste église contint l'assemblée la plus brillante qu'elle ait jamais reçue.

La fin de l'ancien régime est proche. En 1787, lors de la création des assemblées provinciales et de la réorganisation des municipalités, le Plessis est incorporé au département de Corbeil et dépend, chose singulière, de l'arrondissement de Longjumeau, alors qu'un arrondissement est créé à Bourg-la Reine. Ses habitants se donnent pour syndic le marquis Louis Dugas ; une première assemblée se tient « dans l'une des salles du Plessis-Raoul où tous les membres sont réunis, à l'exception de S. A. S. Mgr le duc de Penthièvre, qui n'a envoyé personne pour le représenter ». Plusieurs assemblées se succèdent dans le cours de l'année 1788 et une active correspondance s'engage entre la municipalité et les administrateurs du département de Corbeil.

Au commencement de l'année suivante, fut élaboré le cahier des doléances que le pouvoir royal autorisait toutes les paroisses à soumettre à la réunion des États généraux de 1789. En voici le texte :

Cahier des plaintes, doléances et remontrances des habitants du Plessis-Piquet, par eux dressé et rédigé et unanimement arrêté en l'assemblée générale de ladite paroisse, convoquée au son de la cloche en la manière accoutumée, et tenue ce jourd'hui 15 avril 1789.

Pour obéir aux ordres du Roi portés par ses lettres données à Versailles, le 21 janvier dernier, et pour satisfaire aux dispositions du règlement y annexé pour la convocation et tenue des États-Généraux de ce royaume, le tout publié et affiché dans la forme qui est prescrite, et de nouveau lu et publié en ladite assemblée, lesdits articles ont été réduits aux suivants:

Article premier. — Que tous les impôts soient réduits à un seul.

Art. 2. — Que le classement des terres soit fixé sur le taux qui déterminait l'impôt de 1676 pour la répartition de la taille, sans considérer la progression qui leur a été donnée depuis en conséquence des lettres ministérielles.

Art. 3. — Que l'abonnement de l'impôt soit accordé à chaque province et réparti pour chaque municipalité.

Art. 4. — Que la taille personnelle continue de subsister pour la seule classe de citoyens sans propriétés, non assujettis à l'impôt qui les frappera.

Art. 5. — Que la suppression des capitaineries soit ordonnée, et dans le cas où celle de Saint-Germain-en-Laye continuerait d'avoir lieu, et que la bête fauve et les lapins qui causent un dégât considérable à cette paroisse qui est située au milieu des bois, subsisteraient, supplier S. M. de donner des ordres de payer annuellement aux laboureurs et vignerons les frais de clôture qu'ils sont obligés de faire pour garantir leurs récoltes du dommage qu'ils souffrent.

Art. 6. — Qu'il soit permis de faire le rachat des dîmes en un abonnement en argent.

Art. 7. — Que la destruction des colombiers soit ordonnée.

Art. 8. — Que l'entrée des prés soit défendue aux troupeaux dès le 1er mars de chaque année, et que la liberté des regains soit accueillie, à la charge des propriétaires de s'enclore.

Art. 9. — Qu'il soit établi une police invariable sur l'exportation des grains, et qu'il soit pourvu promptement à en diminuer le prix, qui est excessif.

Art. 10. — Que la vente en soit ordonnée au poids.

Art. 11. — Que tout accaparement, emmagasinage de blés soit prohibé, et les juges des lieux autorisés à constater toutes les contraventions et à statuer sur les peines que la loi infligera aux contrevenants.

Art. 12. — Que toutes les mesures soient réduites en une seule.

Art. 13. — Que la suppression des milices soit ordonnée comme étant ruineuses pour les familles et contraire au bonheur des campagnes.

Art. 14. — Qu'il soit prononcé sur la suppression de la gabelle, des droits d'aide et du gros manquant.

Art. 15. — Que tous les baux à ferme, même des biens ecclésiastiques, soient dorénavant pour dix-huit ans, sans qu'ils puissent être anéantis par leur décès (*sic*).

Art. 16. — Que toutes les maisons d'exploitation aux gens de la campagne soient exemptes d'impositions, ou du moins très ménagées, en considération de ce qu'elles ne servent qu'à engranger les productions pour lesquelles les occupants payent des charges à l'État.

Art. 17. — Qu'il y a dans cette paroisse un prieuré dont les revenus ne laissent pas d'être considérables, et une maison centrale autrefois habitée par plusieurs religieux et aujourd'hui réduite à un seul, qui dit la messe quand il peut ou quand il veut; que, sur le revenu de ce prieuré, il soit pris une somme pour la subsistance d'un vicaire et d'un maître d'école pour la paroisse, qui n'en a pas, à cause du revenu modique du curé.

Art. 18. — Qu'il soit, au surplus, statué sur les autres doléances et représentations des villes, bourgs, villages, communautés du royaume, qui auront pour objet l'intérêt de l'État, celui de la nation en général et le soulagement du peuple.

Et nous avons, conformément aux intentions de S. M., arrêté le présent cahier en la susdite assemblée, lequel a été signé par ceux des habitans soussignés qui le savent, et les autres ont déclaré ne le savoir, de ce que enquis, lesdits jour et an.

Signé: Moullé, syndic; Chevalier, Trouvin, Mégissier, Courtois, Lambot, Barte, Tessier, Dubreuil, Joseph Caymet, greffier[1].

Les événements de l'année 1789 ne semblent pas avoir eu beaucoup d'écho dans cette paisible commune; à la date du 22 août, mention est faite sur le registre des assemblées communales « du rétablissement de l'ordre et de la tranquillité du royaume ».

Le 7 février 1790, la commune se donna sa première administration municipale: Antoine Moullé, alors syndic, fut élu maire, dans une assemblée où étaient convoqués tous les habitants, par 16 voix sur 20 votants. En même temps, furent élus deux membres du corps municipal: le curé « messire » Jean Dumaine et Claude Chevalier; puis six notables: Louis Chevalier, ancien garde-chasse; Pierre-Michel Bertray, épicier; Jean Lambot, menuisier; Joseph Caignet, maçon; Jean Courtois, laboureur; Pierre-François Bellaune, aubergiste. Le procureur de la commune fut Nicolas-Louis-Christophe Trouvin, serrurier.

Le 20 février 1790, le curé du Plesis, Jean Dumaine, fit la déclaration suivante, qu'enregistrèrent les délégués du département:

« Le revenu de sa cure consiste: 1° en onze arpents de terre exempts de dîmes, affermés à Martin Collet moyennant 350 livres; 2° en un demi-arpent et demi-quartier de terre, de valeur de dix-huit livres; 3° en cinq quartiers de pré rapportant, tous frais déduits, la somme de trente-six livres; 4° en 280 livres, formant la majeure partie de la dîme; 5° en 40 livres, à quoi monte un petit reste de dîme dont la perception absorbe presque la valeur; 6° et enfin en 60 livres de redevances pour indemnité de dîme. Ladite cure est chargée de 18 livres pour le payement des décimes. A l'égard des réparations

1. *Archives parlementaires*, t. V, p. 30.

de la maison presbitérale et bâtimens en dependans, mondit sieur Dumaine les évalue à la somme de 40 livres par chaque année.

« Déclare mondit sieur Dumaine, pour satisfaire au décret de l'Assemblée nationale du 5 février, qu'il jouit d'une pension de 800 livres sur l'abbaye de Saint-Michel-de-Thiérache, diocèse de Laon, en économat, sur laquelle pension les trois dixièmes sont retenus 1. »

Nous ignorons pour quelle raison de reconnaissance particulière l'assemblée communale décida d'adresser à Necker la lettre suivante, datée du 13 juin 1790 ; elle est fort intéressante par le mélange d'emphase et de naïveté que l'on y trouve, sans avoir le droit de ne pas la croire sincère :

Monseigneur,

Vous avez fait tant de bonnes choses pour les habitans de la campagne qu'ils ne peuvent résister au désir de vous en témoigner leur profonde reconnaissance. Nous n'avons plus rien à craindre puisque notre bon Roi a pris le parti de son peuple, et que son sage ministre sçait si bien plaider notre cause. Nous ne sçavons pas les affaires de l'État, mais nous sçavons que nous payons moins de taille, que le sel est à bon marché, que le gibier ne ravage plus nos champs, et que tout cela vient de vous, Monseigneur.

Sans vous, il n'y auroit point eu d'Assemblée nationale, voilà ce que nous sçavons bien encore; nous ressentons les bienfaits, et les cultivateurs de la campagne ne sont point des ingrats, comme le disent les messieurs des villes. Agréez donc, Monseigneur, la libre effusion de nos cœurs, agréez la avec cette bonté ordinaire, cette bonté qui ajoute encore à toutes vos grandes vertus.

Nous sommes, etc. 2.

Ces premières manifestations d'enthousiasme pour la liberté, chose alors si nouvelle, jaillissaient de tous les cœurs. Les municipalités traitaient leurs affaires avec le plus grand zèle, faisaient enregistrer le texte de toutes les lois nouvelles, et à côté, les plus petits incidents de la vie communale. C'est ainsi qu'à la date du 5 mars 1790, le registre des délibérations relate, avec de longs détails, l'agression dont le curé fut l'objet en plein jour, entre l'étang et le village ; comment trois malfaiteurs le culbutèrent, tandis qu'un autre « arrachait sa montre du gousset de sa culotte » ; comment enfin ces individus, poursuivis à travers bois, furent appréhendés et conduits par onze habitants dans les prisons de Bourg-la-Reine.

1. Archives nat., S. 3582.

2. Registres des délibérations municipales du Plessis, tome I, à la date.

Ce curé, Jean Dumaine, membre depuis un mois du corps municipal, allait jouer un rôle plus sérieux dans les annales du village. Le 2 janvier 1791, il prêta solennellement le serment constitutionnel ; mais, l'année suivante, pris de remords, il écrivit, le 3 juillet, à la municipalité une lettre où il déclarait se rétracter et désavouer tout ce que la faiblesse lui avait fait faire. Le Conseil, à la lecture de cette lettre, adopta la motion : « que l'assemblée déclare qu'elle ressent un mortel déplaisir de la rétractation de M. Dumaine, curé de la paroisse ». Le 29 juillet suivant, M. Jean Fauvet, vicaire de Fontenay-aux-Roses, était élu curé du Plessis et prêtait serment.

La période dite de la Terreur n'y fut marquée par aucun incident grave. Le 1er nivôse an II (21 décembre 1793), l'assemblée municipale décida dans les termes suivants de donner à la commune le nom du Plessis-Liberté :

« Aujourd'hui, premier nivôse an deux de la République française, une et indivisible, la commune du Plessis-Piquet réunie dans le lieu ordinaire de ses séances, le procureur de la commune a proposé à toute l'assemblée le changement du nom de Plessis-Raoul, dit de le Plessis-Piquet en celui de Plessis-Liberté, considérant que les noms de Piquet et Raoul portent les traces de l'ancienne féodalité qu'il est désirable de proscrire à jamais, et qu'il desiroit que toute la commune acceptât d'en demander l'approbation à la Convention nationale, ce que toute la commune a accepté et ont signé. Fait au Plessis-Piquet, lesdit jour, mois et an que dessus » *(Suivent 24 signatures).*

Disons tout de suite que, dès l'an IX (1801), ce nom était à son tour aboli et que la dénomination le Plessis-Piquet, confirmée par une délibération du 12 juin 1898, est désormais restée seule en usage.

Le 8 nivôse an II (28 décembre 1793), le Conseil général arrêta qu'il siégerait trois fois par décade, le 2, le 5 et le 8 de chaque décade.

Trois jours après, le 1er janvier 1794, un arrêté fut rendu, sur la proposition du maire, Bertray, portant que l'église serait consacrée au temple de la Raison, qu'une inscription au-dessus de la porte indiquerait cette affectation et qu'en outre le temple servirait aux réunions des citoyens en assemblées générales.

Les registres des délibérations contiennent, peu après, le texte d'une délibération prise, le 8 février 1794, au sujet d'une fête civique à célébrer dans le village :

L'an deux de la République française, une et indivisible, le vingt pluviose, les citoyens composant la commune du Plessis, réunis dans le temple de la Raison en assemblée générale, la séance s'est ouverte par la lecture du Bulletin de la Convention nationale de sa séance du sept du présent mois. On a pris ensuite des conventions pour la célébration d'une fête civique qui doit avoir lieu le decadi trente pluviose (18 février 1794) en la commune du Plessis-Piquet;

1° Que la fête a pour motif la plantation d'un arbre de la liberté, lequel sera planté sur la place de la maison commune;

2° L'inauguration des bustes de Marat et de Lepelletier, martyrs de la liberté;

3° La fête pour la reprise de Toulon par les armées de la République;

4° L'installation d'une [pierre] de la Bastille sur laquelle sont écrits les droits de l'homme.

Il a été arrêté pour ladite fête qu'il seroit construit une montagne au pourtour de l'arbre de la liberté, qu'on se pourvoiroit des bustes de Marat et Lepelletier; qu'il y auroit deux vieillards, un enfant, et une jeune citoyenne qui représentera la déesse de la Liberté, lesquels seront portés sur un char traîné par deux chevaux; qu'il y auroit une charrue, un semeur, une harse, accompagnés de la garde nationale et des autorités constituées.

Les grands faits politiques de ce siècle ont eu moins de retentissement encore dans la vie municipale du bourg que ceux de la Révolution et de l'Empire; du moins, ses délibérations n'en portent pas le reflet. Rien sur la chute du premier Empire ni sur les révolutions de 1830, de 1848, de 1851.

Nous n'aurons garde de passer sous silence le fait de l'acquisition du château du Plessis par M. Louis Hachette, — fondateur de la librairie si connue qui porte son nom, — le 19 juillet 1854. Cet homme de bien ne pouvait se désintéresser des affaires de la commune dont il avait fait volontairement sa résidence favorite : installé le 8 juillet 1856 en qualité de conseiller municipal, il accepta les fonctions de maire à la fin d'octobre de la même année, mais s'en démit un an après à cause de la multiplicité de ses travaux. Il resta cependant membre du Conseil jusqu'à la veille de sa mort, qui survint au Plessis même; l'acte de décès est du 31 juillet 1864. M. Hachette était né à Rethel le 6 mai 1800.

La néfaste guerre de 1870 força les habitants du Plessis-Piquet, comme tous ceux de la région, à se réfugier derrière les murs de Paris. Le 19 septembre, une brigade de Bavarois sous les ordres du général de Walther s'empara du village et se retrancha dans la propriété Hachette qu'elle occupa durant toute la période de l'envahissement. Le Conseil municipal se réunit à Paris, 26, rue des Écoles, au domicile du maire, M. Malet, pour s'occuper de l'équipement des gardes nationaux, de la création d'une caisse de secours pour les familles nécessiteuses, etc.

Après la guerre étrangère, la guerre civile vint encore jeter le trouble et la ruine dans ce malheureux village. On sait combien fréquents et meurtriers furent les combats d'avril et de mai 1871 dans la région sud de Paris. De nouveau le château de M. Hachette fut occupé militairement par les troupes de Versailles. Le général de Lacretelle, dit M. Teyssier, s'y cantonna avec 5.000 hommes et 600 chevaux.

Il y a lieu de mentionner la faveur toujours croissante dont jouit le hameau de Robinson auprès de la population parisienne, surtout depuis le prolongement jusqu'aux Quatre Chemins (1895) du chemin de fer de Sceaux. La gaieté, parfois même excessive, qui règne en ce lieu pittoresque, offre un contraste frappant avec le calme non moins réel du village lui-même.

Il convient aussi de rappeler qu'en 1890 le Comité d'organisation d'un Refuge pour les enfants de la religion isréalite a pris possession du beau domaine du Petit-Plessis. L'inauguration en a eu lieu le dimanche 3 mai 1891.

Citons enfin, — mais pour son étrangeté, — le double legs fait à la commune par M. Guézard, décédé à Robinson : 1° du revenu annuel d'une somme de 4.000 francs, destiné à doter une jeune fille de la commune qui se marierait sans avoir été baptisée ni avoir fait sa première communion ; 2° d'une rente de 50 francs pour l'entretien de la tombe du donateur. Par délibération du 5 juillet 1896, le Conseil refusa d'accepter ces deux fondations.

II. — MODIFICATIONS TERRITORIALES ET ADMINISTRATIVES

Il ne paraît pas que la commune ait subi de modifications dans son territoire, démembré, comme on l'a vu, de celui de la paroisse de Châtenay au commencement du XIIe siècle. Elle n'a pas eu non plus, à notre connaissance, de contestations avec ses voisines pour leurs limites respectives.

Les modifications qu'elle a subies au point de vue du ressort administratif ont été, de même, sans grande importance, puisqu'elle appartient depuis le commencement du siècle au canton de Sceaux. Nous avons pu nous étonner qu'alors que l'organisation administrative de 1787 créait un arrondissement à Bourg-la-Reine, le Plessis-Piquet ait été rattaché à celui de Longjumeau; mais cette organisation fut éphémère et eût été, sans doute, si elle avait duré, susceptible de remaniements fondés sur les besoins locaux.

Le 8 février 1835, le Conseil municipal, saisi d'une consultation préfectorale, du 20 janvier précédent, sur l'emplacement possible du chef-lieu de la sous-préfecture, se prononça à l'unanimité pour que, « s'il y a nécessité indispensable d'échanger le chef-lieu de sous-préfecture de la commune de Sceaux, le transfert ait lieu au Petit-Montrouge, près la barrière d'Enfer ». C'était là une singulière interprétation de l'idée qui avait présidé à la création des sous-préfectures; le but n'était pas évidemment de les placer à côté de la préfecture. Plusieurs communes de l'arrondissement, parmi lesquelles Rungis et Villemomble, émirent cependant un vœu analogue.

Le 16 décembre 1878, le Conseil déclara n'être pas d'avis d'amoindrir le canton de Sceaux par la création d'un nouveau canton qui aurait son chef-lieu à Vanves et dont les communes d'Issy, Clamart et Montrouge dépendraient.

III. — ANNALES ADMINISTRATIVES. — LISTE DES MAIRES

La consultation des archives de la commune, notamment des registres de délibérations municipales, ne nous a malheureusement pas fourni une abondante moisson de renseignements sur la vie communale du Plessis depuis un siècle. Voici, dans l'ordre des matières, ce que nous avons pu réunir.

Bureau de poste. — Une délibération du 26 mai 1822 fait connaître qu'il y avait autrefois un bureau de poste pour la commune, « où l'inscription de la boîte se trouve encore »; que sa suppression est cause que, surtout en hiver, « les lettres n'arrivent que tous les quatre ou cinq jours ». Le Conseil décidait, en conséquence, que cet état de choses serait signalé au directeur général des postes, et que, si le bureau ne lui était pas rendu, il serait préférable que le service postal fût fait par Châtillon.

Enseignement. — C'est en vertu d'une délibération du 11 mai 1873 que fut votée la gratuité de l'enseignement, à dater du 1er janvier suivant, avec un traitement de 2.000 francs pour l'instituteur. Le recouvrement de la rétribution scolaire se faisait assez difficilement, et, d'autre part, presque toutes les communes voisines avaient déjà pris cette décision démocratique.

Bibliothèque publique. — Son institution date de 1880; elle ne comportait à l'origine que 131 volumes. Le 18 février 1895, le Conseil vota un crédit de 125 francs pour l'impression du catalogue.

Chemins de fer. — Dès le 22 juin 1884, le Conseil fut amené à délibérer sur la transformation en voie normale de la ligne de Paris à Sceaux et son prolongement jusqu'au lieu dit les Quatre Chemins. Il approuva naturellement ces projets qui n'ont été complètement réalisés qu'en 1895.

Noms des rues. — Le 21 novembre 1897, furent adoptées les dénominations suivantes pour les rues de la commune.

NOMS ANCIENS	NOMS NOUVEAUX
Rue de la Cavée	Rue de Clamart.
Rue de l'Église.	Rue de la Mairie.
Chemin d'Aulnay à Fontenay. . .	Chemin de la Fosse-Bazin.
Rue de l'Étang Rouge	Rue de Robinson.
Route départementale 72 (actuellement route 28)	Avenue du Plessis-Piquet.
Route départementale de Châtenay à la route 72 (actuellement 28)	Rue de Sceaux.
Grande rue de Robinson	Rue de Malabry.

La commune possède, en outre, la grande rue et la rue de Versailles, — qui constituent le chemin de grande communication n° 60 dans la traverse du Plessis, — la rue de la Ferme, la rue de l'Étang de l'Écoute s'il pleut, le passage de la Mairie.

Éclairage des rues. — Quelques voies sont éclairées en vertu d'un vote du 18 février 1895 ouvrant un crédit de 372 francs pour l'installation de douze lanternes. Il fut, en même temps, décidé que l'allumeur du Plessis aurait 230 francs de salaire, celui de Robinson, 60 francs. Quelques lanternes ont été ajoutées aux douze primitives.

Étangs. — La question des étangs, situés, l'un au point culminant, l'autre au bas du bourg, a bien des fois préoccupé la municipalité. En l'an II, elle dut adresser un long mémoire au directoire du district de Bourg-la-Reine, qui avait parlé de dessécher l'étang d'en bas. Ce mémoire établit que, si l'étang n'existait plus, toute la vallée serait submergée jusqu'à Bourg-la-Reine, car il retient les eaux venant du plateau. De plus, les communes environnantes l'utilisent pour faire boire les bestiaux et laver le linge; enfin, il est aménagé de telle sorte que ses eaux coopèrent à mouvoir les moulins de Berny, l'Haÿ, Cachan et Gentilly en donnant plus d'impulsion au cours de la Bièvre.

Par jugement du juge de paix de Sceaux, rendu le 6 août 1869, la commune fut maintenue en sa possession contre les prétentions de M. Lenepveu. Depuis, il a été enclavé dans la propriété du Refuge israélite.

Quant à l'étang d'en haut, dit de l'Écoute s'il pleut, une transaction est intervenue le 11 février 1856 entre la commune et M. Hachette, réservant la question de propriété, mais laissant à M. Hachette le soin de l'entretien. Il ne paraît pas que, depuis, la question se soit modifiée.

MAIRES DU PLESSIS-PIQUET

MOULLÉ, Antoine. 1790.
BERTRAY, Pierre-Michel. 1792.

. . . .

CAGNET, an IX-1819.
GANDOLPHE, Jacques-François. 1819-1821.
SUSSY, Jean-Baptiste-Henri (vicomte de). 1821-1829.
ODIER, Antoine (dit James). 1829-1831.
FROTIÉ, François-Michel. 1832-1837.
FOURNIER, Alexis-Henri. 1837-1845.
TRICOT-GROSJEAN, Jean-François-Léon. 1846-1856. Démissionnaire.
HACHETTE, Louis. 1856-1857. Démissionnaire.
PERROT, Jean-François. 1857-1870.
MALET, Adolphe. Nommé par arrêté en 1870. Élu le 8 octobre 1876. Réélu les 21 janvier 1878, 22 janvier 1880, 17 mai 1884.
PICARD, Émile. Élu le 16 mars 1887. Réélu les 18 mai 1888, 15 mai 1892, 16 mai 1896.

IV. — MONUMENTS ET ÉDIFICES PUBLICS

Mairie. — On a vu plus haut qu'en 1787 les habitants du Plessis s'étaient réunis « dans une des salles du Plessis-Raoul » pour constituer leur première municipalité. Qu'ils n'aient pas eu alors de maison commune, c'est le contraire qui serait surprenant. Une délibération du 14 octobre 1792 porte la mise en adjudication des travaux pour « l'établissement d'une école et d'une salle commune » d'après le devis préparé par le citoyen Grémion, domicilié au Plessis-Piquet, au prix de 2.175 livres, 10 sols, 8 deniers.

Les citoyens Joseph-Arnoult Cagniet et Jean-Grégoire Cagniet se rendirent adjudicataires moyennant 1.876 livres, 10 sols, « s'obligeant à rendre l'ouvrage parfaite au 1er janvier 1793 ». Il est certain, sans qu'on sache pour quelle cause, que la construction ne fut pas effectuée; le budget de la commune pour l'an XI contient cette mention: « pour l'entretien de l'église, servant de maison commune, 50 francs ».

Il en était encore ainsi trente ans plus tard. Nous relevons sur les registres, à la date du 11 août 1833, cette phrase : « La commune n'ayant à sa disposition ni maison pour une école, ni salle commune, ni corps de garde.... » En conséquence, le Conseil votait l'acquisition de la maison du sieur Perot, valant, avec les frais d'acquisition, 2.236 francs. Les travaux d'aménagement prévus devaient élever cette somme à 7.536 francs. Il ne semble pas que ce projet ait été suivi d'exécution immédiate. Une délibération du 10 février 1840 constate l'existence, dans une butte de la rue de la Ferme, de pierre meulière dont l'usage sera bon pour la construction de la mairie. C'est alors que fut édifié le bâtiment communal, avec son école et le logement de l'instituteur comme annexes.

Ces bâtiments tombaient en ruine lorsqu'on décida de les réédifier (délibération du 24 décembre 1882); la commune y affecta 8.000 francs, « tout ce qu'elle possédait ». Ils furent achevés en 1884.

Église. — Encastrée, pour ainsi dire, dans les murs de l'ancien château avec lequel elle paraît faire corps, l'église paroissiale, dédiée à Sainte-Marie-Madeleine, ne peut s'apercevoir que lorsque l'on est devant. Son clocher même, qui est du XIIIe siècle, et la seule partie intéressante de l'édifice, est masqué par les arbres de telle sorte qu'on le voit difficilement et incomplètement. Le reste est sans valeur architecturale, ayant été complètement rebâti en 1737. L'abbé Lebeuf déclare avoir vu dans la nef l'inscription suivante : *Tronc pour Notre-Dame de la Quinte,* « et on me dit, ajoute-t-il, que cela signifioit : pour Notre-Dame qui guérit de la coqueluche. Je me rappelai alors certains canons qui défendent de donner ces sortes de surnoms à la Sainte-Vierge, mais la dévotion est si accréditée en ce village qu'on prétend qu'aucun des enfants du lieu ne sont atteints de cette maladie. » L'abbé Lebeuf écrivait vers 1750; la dévotion n'est vraisemblablement plus aussi superstitieuse aujourd'hui au Plessis-Piquet, et si la coqueluche y épargne les enfants, c'est sans doute à la salubrité du lieu qu'ils le doivent.

Nous avons eu occasion de citer les inscriptions funéraires que renferme ou renfermait ce monument.

La tour contenait autrefois deux cloches. Le district de Bourg-la-Reine en ayant réclamé une pour la fonte des canons, il fut décidé que la plus grosse serait conservée « pour se faire entendre pour toute la commune ». La descente de l'autre fut faite, le 10 du 2e mois de l'an II [1er novembre 1793], « en présence du citoyen Roses, commissaire du pouvoir exécutif, de trois charpentiers et du citoyen Trouvé, serrurier ».

La cloche conservée alors existe toujours. Elle porte une inscription intéressante que nous reproduisons après MM. de Guilhermy [1] et Teyssier [2] :

L'an 1755, j'ay été benite par messire
Simon Lefranc, curé du Plessis-Piquet
et nommée Marie-Louise par très haut,
très puissant et très excellent prince
Louis-Charles de Bourbon, comte d'Eu, duc
d'Aumale, comte d'Argentant, baron de
Sceaux et ses dependances, commandeur
des ordres du roy, lieutenant general de
ses armées, gouverneur et lieutenant general
pour sa majesté dans les provinces de Guienne,

1. *Inscriptions de l'ancien diocèse de Paris*, t. III, p. 248.
2. *Le Plessis-Piquet*, p. 71.

GRAND MAITRE ET CAPITAINE GENERAL DE L'ARTILLERIE
DE FRANCE, ET PAR DEMOISELLE MARIE-ANNE-URSULE
GUILLAUME, FILLE DE MONSIEUR GUILLAUME,
CONTROLEUR GENERAL DUDIT SEIGNEUR
COMTE D'EU.
LOUIS GAUDIVEAU ET SES FILS M'ONT FAITE
A LIEUSAINT,
M. PIERRE GAGNAIT ÉTANT MARGUILLIER EN CHARGE.
J'AY ÉTÉ VOITURÉE GRATIS DE LIEUSAINT PAR ANTOINE
MOULLÉ, RECEVEUR DE LA FERME DUDIT LIEU, ET PAR
CLAUDE DEMAINE.

M. Teyssier a eu raison de changer la date 1733 — qu'avait lue par erreur Guilhermy — en celle de 1755, année où la baronnie de Sceaux échut au comte d'Eu.

D'importants travaux de maçonnerie, s'élevant à 2.418 fr. 10, furent faits au bâtiment en 1867, par M. Picard, entrepreneur à Fontenay-aux-Roses.

Presbytère. — Avant la Révolution, le presbytère était contigu à l'église; le 10 germinal an II [30 mars 1794], il fut vendu comme bien national aux enchères publiques au citoyen Augustin Chauvin, moyennant un bail de 237 livres par an, avec cette clause, fondée sur la loi du 25 brumaire précédent, que le montant de la location serait affecté au soulagement des indigents.

Pendant longtemps, le desservant dut se loger dans une maison particulière. Une délibération du 9 août 1872 eut pour effet de transformer en presbytère le logement de l'instituteur; ce dernier occupa le local du garde champêtre pour lequel fut aménagé ce qui restait disponible du bâtiment. Ce n'est qu'en 1878, — à la suite de délibérations du 13 août et 12 novembre 1876 et du 14 août 1877 — que fut construit le presbytère actuel sur le terrain de l'ancien cimetière, d'après les plans de Lequeux.

Cimetière. — Par délibération du 20 août 1855, le Conseil avait décidé la translation du cimetière, trop exigu, trop proche des habitations, dans un terrain appartenant à Mlle Auger, situé à l'ouest du parc de Mme Navier, attenant par devant au chemin de la Cavée [rue de Clamart]. Cette installation ne fut pas de longue durée. En 1863, le cimetière fut de nouveau transféré dans le lieu qu'il occupe actuellement sur la route de Versailles à Sceaux, à l'extrémité du territoire. Nous venons de dire que le presbytère a été construit sur l'emplacement du précédent champ de repos.

BIBLIOGRAPHIE

L'abbé Lebeuf, *Histoire du diocèse de Paris*, t. III, pp. 250-255 de l'édition de 1883.

Georges Teyssier, *Le Plessis-Piquet, ancien Plessis-Raoul* (1112-1885); Paris, Hachette, 1885, in-8 (avec planches); 121 pp.

Inauguration du refuge du Plessis-Piquet; Paris, Alcan-Lévy, 1891, in-8; 49 pp.

Catalogue des livres de la bibliothèque municipale du Plessis-Piquet, 1895 [dressé par M. Sénéchal, secrétaire de la mairie]; Fontenay-aux-Roses, impr. Bellenand, in-12; 37 pp. Deux suppléments, de 3 pp. chacun, ont été publiés en 1896.

Fernand Bournon.

PIÈCES JUSTIFICATIVES

I

CHARTE DE FONDATION DE L'ÉGLISE DU PLESSIS
(1112)

De ecclesia sita in Plessiaco.

Ego Bernerus decanus et totus Parisiensis ecclesie conventus, notum fieri volumus tam futuris quam presentibus quos Bartholomeus ipse et uxor ejus, nostro assensu, nostra licentia ecclesiam construxerunt in villa sua que Plessiacus nuncupatur, ea scilicet conditione ut ecclesia illa et omnia ad ecclesiam pertinentia, quemadmodum ecclesia de Casteneto, que nostra est, nostri juris, nostre omnino potestatis existerent; illi autem et eorum successores tam in ecclesiam quam in presbiteros illius ecclesie nullum dominium, nullam omnino potestatem haberent; presbiteri etiam illius ecclesie, illis inconsultis ad arbitrium nostrum ponerentur, expellerentur, commutarentur et in illa presbiterorum justa vel injusta expulsione vel impositione, assensus eorum nullatenus requireretur.

Dederunt etiam presbitero qui ibi deserviret duos arpennos terre, affines predicto Plessiaco, ita ut et justitiam et viaturam et quicquid ipsi in illis habebant arpennis presbiter libere et absolute possideret. Tradiderunt etiam nobis centum solidos, de quibus emeremus terras aut vineas, ad usum presbiteri necessaria. Et quoniam predictus Plessiacus situs est in parrochia Sancti Germani de Casteneto, ne inter presbiterum de Plessiaco et presbiterum de Castaneto aliquo oriretur contentio, determinatum est hoc modo : sex principales sunt in anno festivitates, natale Domini, Epiphania, Purificatio sancte Marie, pascha Domini, Pentecostes, festivitas Sancti Germani de Castaneto; his inquam sex festivitatibus necessarium est ut omnes habitatores Plessiaci, omnibus exceptis pueris et mancipiis, ecclesiam de Castaneto, cujus parrochiani sunt, debita consuetudine visitent, missarum sollempnia ibi celebraturi et offerendos ex more oblaturi. Confessiones predictorum hospitum de Plessiaco, visitationes, baptizationes, obsequia mortuorum, omnia ista presbiter de Castaneto, debita consuetudine faciet, nisi necessitas evenerit; necessitate autem imminente, presbiter de Plessiaco omnia ista explebit, et, si quid inde exierit, presbiter de Castaneto totum habebit.

Dictum est etiam quia si aliquis ex supradictis hospitibus, in infirmitate positus, pro anima sua annonam, vinum, nummos seu alia hujusmodi mobilia presbitero de Plessiaco donaret, mediatatem omnium presbiter de Castaneto haberet. Quod si determinate dentur ecclesie in ejus restaurationem vel edificationem haberet, ea in proprium possideat.

Determinatum est etiam et omnino diffinitum quod neque aliquem hospitem de Castaneto neque aliquem ea hospitibus in duabus proximis villis que Celsiacus nuncupantur, habitantibus, predictus Bartholomeus vel ejus successores in supradicto Plessiaco sine nostra licentia reciperent et in hoc maxime dampnosi nobis nullatenus existerent.

Actum publice Parisius, in capitulo Sancte Marie, anno ab incarnatione Domini MCXII, indictione quinte, regnante Ludovico rege anno IIII°..... [1].

1. *Cartulaire de Notre-Dame de Paris,* publié par B. Guérard dans la collection des Documents inédits de l'Histoire de France (1840), t. I, pp. 386-87.

II

DÉNOMBREMENT DES BIENS DES FEUILLANTS AU PLESSIS-PIQUET
(24 décembre 1680)

Premièrement, l'église, monastère, ferme et basse-cour, autrefois logis où demeuroit la damoiselle Gueneau, clos et arrière-clos, plants et bois, ledit arrière-clos situé sur le *chantier de la pierre aux Conins*, le tout contenant trente-deux arpens, soixante dix huit perches un quart de perche, tenant d'orient audit sieur Le Vasseur et à Messieurs Belin et d'Ivry, et n'a guères au sieur Faure, d'occident du chemin de Plessis à Clamart, du midy à la grande rue, et par un bout à la maison et jardin de M. Buon, et du septentrion au chemin du moulin de la tour à Bièvre.

Item, une pièce de terre au lieu dit *les Carrières*, dont la plus grande partie est en friche, contenant quatorze arpens ou environ, tenant d'une part, du costé d'orient à la garenne de la seigneurie, et par un bout à M. Mareuil, du costé d'occident au nommé d'Ivry, n'a guères M. Faure, par un bout en pointe aux Peres Feuillans, du midy à la chatigneraie de la seigneurie, et à M. Belin, et du septentrion, par un bout à Madame La Roque et à M. Charton, curé de Châtillon, et d'autre bout à M. Faure.....

Item, une pièce de terre nouvellement plantée en bois et en saule, [tenant] par un bout au lieu dit *Haulte Vallée*, contenant neuf arpens cinquante neuf perches, tenant d'orient au chemin du Plessis à Clamart et par un bout à la terre de l'église, d'occident au bois de M. Le Vasseur, au midy au pré des Feuillans et au septentrion au chemin du moulin de la tour à Bièvre.

Item, trois arpents vingt deux perches de prez appelez *le pré des Vallées*, tenant d'orient au chemin du Plessis à Clamart, d'occident au pré de M. Le

Vasseur, à un bois nouvellement planté appartenant auxdits Peres Feuillans, du midy à un bois et à un morceau de terre desdits Feuillants, et du septentrion au bois de M. Le Vasseur et auxdits Feuillans.

Item, sept arpens quatre vingt douze perches de bois, tant anciens que nouvellement plantés, au lieu dit *la Cousture*, autrement *la coste de Sainte Catherine*, tenant d'orient au chemin qui conduit du Plessis à Clamart ....

Item, une pièce de terres labourables au lieu dit *la Couture de Sainte Catherine*, contenant vingt six arpens cinquante huit perches... .

Item, une pièce de terre en friche, au dessus du pré de M. Le Vasseur, contenant un arpent trois quartiers ou environ, tenant... du septentrion au chemin de Fontenay à Triveau.

Item, une pièce de terres labourables au lieu dit *la Rangée*, contenant cinq arpens quatre vingt dix perches, le chemin appellé la Rangée passant dans ladite pièce.....

Item, un demy arpent de terres labourables audit lieu de *la Rangée*, tenant d'orient audit chemin de la Rangée.....

Item, deux arpens cinquante huit perches de terres labourables au lieu dit *le Noyer-Marchais* et *la Rangée des noyers*, tenant d'orient audit chemin de la Rangée, d'occident aux terres de la cure, du midy audit seigneur du Plessis, et du septentrion à M. de Montelon.

Item, trois arpens et demy de terres labourables au lieu dit le Noyer-Marchais, tenant... d'occident au chemin qui va à *la Boursillière*.....

Item, quatre arpens de terres labourables audit lieu.....

Item, sept arpens de terres labourables audit lieu, tenant d'orient à M. le curé, d'occident aux terres de l'Hostel-Dieu de Paris.....

Item, demy arpent de terres labourables au lieu dit *le Buisson aux prestres*, tenant d'orient au chemin de la Bequinière, d'occident audit sieur Le Vasseur, du midy aux terres de la cure, et du septentrion à la seigneurie.

Item, une pièce de terres labourables au lieu dit *l'Espine du Breuil*, contenant vingt arpens vingt huit perches, tenant d'orient par un bout au chemin du Plessis à Bièvre,... du midy à la grande pièce de *la Boursillière*, le chemin entre deux.....

Item, une grande pièce de terres labourables au lieu dit cy devant *l'Orme Mort* et *le bois du Carreau* et *la Grange*... tenant d'orient au chemin de Sceaux à Malabry et à Bièvre.....

Item, trois quartiers de terre en friche au lieu dit *la Grange*, tenant... du midy, en pointe, audit chemin de Sceaux à Malabry.

Item, deux arpens et un quartier de terre en frische au lieu dit *le Moulin du Chesnot*, tenant... du midy au chemin qui va de Sceaux à Bièvre, et du septentrion le long des murs du château, le chemin entre deux.....

Item, trois quartiers de terre plantez en aulnays, au lieu dit *le Pré aux juifs*.....

Item, quarante six perches de vignes au lieu dit *les Anglesches*, tenant d'orient au chemin qui conduit à Aunay.....

Item, deux arpens de terre, partie en prez, partie en saules, et partie en terres labourables, au lieu dit *le Moulin Piquet*, où estoit autrefois un moulin, son réservoir et son jardin, tenant d'orient au chemin de Chartres, d'occident au ruisseau.....

Item, deux arpens vingt deux perches de prez au lieu dit *la Saussaye aux Juifs*, dépendant dudit moulin, où passe à present la conduitte des eaues de M. Colbert, tenant d'orient à M. Colbert, d'occident audit seigneur.

Item, un quartier et demy de terres labourables des dependances du moulin où est la source des eaues, tenant d'orient à Messieurs Lemaire, d'occident à Mademoiselle Mareuil, du midy au chemin qui coupe celuy de Chartres et du septentrion au chemin du Plessis à Fontenay.

Item, deux arpens et demy, moitié prez et moitié saussaye, au lieu dit *le Bouillon*, tenant d'orient au mur du *clos des Regnars*, d'occident au chemin du Bouillon, qui va à Aunay.....

Item, un demy quartier de vignes au lieu dit *Galardon*, tenant... du midy à *la Voye rouge*..... [1].

1. Archives nationales, S. 4217.

RENSEIGNEMENTS

ADMINISTRATIFS

I. — TOPOGRAPHIE, DÉMOGRAPHIE ET FINANCES

§ I. — TERRITOIRE ET DOMAINE

A. — TERRITOIRE

Nom. — Le Plessis-Piquet.

Dénomination des habitants. — Il n'y a pas de vocable officiel en usage pour désigner les habitants.

Armoiries. — Néant.

Limites du territoire.— La commune du Plessis-Piquet, toute rustique et champêtre, cachée dans un repli de terrain de la colline qui descend de Châtillon à Fontenay-aux-Roses, est bornée :

Au Nord, par Clamart ;
A l'Est, par Fontenay-aux-Roses et Châtenay ;
Au Sud, par Châtenay ;
A l'Ouest, par Clamart.

Quartiers, hameaux, écarts. — L'agglomération s'est formée pour la plus grande partie autour de l'église, de chaque côté du chemin de grande communication n° 60 (du Plessis-Piquet à

Bonneuil), à peu près au centre du territoire de la commune. Les quatre grandes propriétés dont la plus connue est l'ancien château, propriété actuelle de la famille Hachette, ont toutes leur entrée dans le pays même.

Il y a trois écarts dont le plus important est *Robinson*. Sa célébrité remonte à la vogue des anciens bals de Sceaux, si fréquentés dans la première moitié de ce siècle, et leur a survécu. Robinson, quoique faisant partie de la commune du Plessis-Piquet, est rattaché à Sceaux par le chemin n° 60. Toutes les habitations sont groupées le long de la grande rue de Robinson (chemin vicinal n° 5), appelée aussi chemin des Bœufs ou de Malabry, et qui gravit une pente rapide où sont échelonnées des jeux, des baraques, des loueurs de chevaux et d'ânes, et des restaurants rustiques dont le plus ancien, « Au grand Robinson », placé dans un antique châtaignier, a donné son nom au hameau.

Après la montée on jouit d'un splendide panorama ; la Vallée aux Loups et Aulnay forment un premier plan de verdure qu'on domine d'une hauteur de 100 mètres ; à la suite, le regard est arrêté par le château construit sous les ordres du duc de Trévise, fils du maréchal Mortier, sur l'emplacement de l'ancien château de Colbert et de la duchesse du Maine, et superbement isolé dans sa masse de briques rosées encastrées dans la pierre d'Euville, au milieu des vastes pelouses de Le Nôtre, qui ont conservé la majestueuse ordonnance de l'ancien parc. A gauche, Sceaux, Bagneux, Fontenay-aux-Roses et une partie de Paris ; en face, à l'Est, Vincennes, Charenton, Choisy-le-Roi et le ruban de la route de Versailles ; vers la droite, dans l'éloignement, Corbeil, Essonnes, et, tout à fait à l'extrémité et fermant l'immense horizon de ce côté, les coteaux de Montlhéry, avec l'antique tour à l'extrémité.

Au soleil couchant, ce panorama est un des plus beaux spectacles qui se puissent voir dans le département.

Le Moulin Fidèle, auquel on arrive ensuite, après avoir passé devant un immense réservoir d'eau de Seine, est une propriété qui contient des ruines.

La Fosse Bazin est située tout au Nord-Est de la commune et comprend plusieurs propriétés, situées en partie sur le territoire de Fontenay-aux-Roses.

Lieux dits. — Le Pierrier, la Garenne, les Feuillants, le Bois Brûlé, le Pré des Vallées, Sous l'Étang, le Trou aux Chevaux, les Lunettes, la Gatine, le Clos aux Renards, les Bouillons, la Mare des Noyers, Pièce de la Croix, Étang de l'Écoute s'il pleut, les Châtaigniers, les Gallardons, la Voie du Carreau, les Cent Arpens, la Boursilière.

Superficie de la commune. — La superficie actuelle du territoire est de 341 hectares, dont :

Propriétés bâties	5 h.	85 a.	72 c.
Propriétés non bâties . . .	335 h.	14 a.	28 c.
Total égal . . .	341 h.	» a.	» c.

Arrondissement. — Sceaux.

Canton. — Sceaux.

Circonscription électorale législative. — Quatrième circonscription de l'arrondissement de Sceaux.

Sectionnement électoral.— Pas de sectionnement.

Bureau de vote.— Un seul bureau de vote, à la mairie.

Circonscripton judiciaire.— Justice de paix de Sceaux.

Circonscription de commissariat. — Commissariat de police de Sceaux.

Orographie.— Point le plus élevé au-dessus du niveau de la mer : 170 mètres (toute la partie Sud-Ouest de la commune).

Point le plus bas : 100 mètres (au lieu dit la Fosse Bazin).

L'altitude a été repérée, au cimetière, à la cote 168^{m}2.

Hydrographie. — Le ru de la Fontaine du Moulin prend naissance à Fontenay-aux-Roses, au lieu dit la Fontaine du Moulin, forme ensuite, sur 270 mètres, limite entre le Plessis-Piquet et Fontenay-aux-Roses et se jette dans la Bièvre.

DÉSIGNATION des COURS D'EAU	LOCALITÉS du département situées SUR LES COURS D'EAU	LIMITES dans le département DES COURS D'EAU ou de leurs sections — A L'AMONT	A L'AVAL	LONGUEURS comprises dans le DÉPARTEMENT — PAR SECTION	PAR COURS D'EAU	LARGEUR MOYENNE des cours d'eau ou de leurs sections	PENTE TOTALE par cours d'eau ou par section	SURFACE DU VERSANT de chaque cours d'eau dans le DÉPARTEMENT
				mèt.	mèt.	mèt.	mèt.	mèt.
Ru de la Fontaine du Moulin	Fontenay-aux-Roses, le Plessis-Piquet, Sceaux, Bourg-la Reine	Fontenay-aux Roses..	Bièvre....	2.800	2.800	0,75	46,81	»

DÉSIGNATION des COURS D'EAU	VOLUME PAR SECONDE — DES EAUX ORDINAIRES	DES EAUX D'ÉTIAGE	DES GRANDES EAUX
	mèt. cub.	mèt. cub.	mèt. cub.
Ru de la Fontaine du Moulin.....	»	»	»

Trois étangs, l'étang du Plessis-Piquet (dans le Refuge israélite), celui d'Écoute s'il pleut et celui des Feuillants sont enclavés dans des propriétés particulières. Ils ont été la cause de nombreux procès.

B. — DOMAINE

Mairie.— La mairie-école est située, en équerre, au tournant de la rue de la Mairie. La dépense de la construction, exécutée en 1884, s'est élevée à 51.352 fr. 56, approuvée par arrêté préfectoral du 14 septembre 1885. Cette dépense donna lieu à un secours de 1.500 francs sur le fonds commun des amendes de police correctionnelle, et à un autre secours de 23.000 francs sur le fonds de réserve de l'octroi de banlieue. La superficie du terrain est de 350 mètres, dont 150 mètres de construction et 200 pour les cours et jardin.

C'est un bâtiment à deux étages qui comprend : au rez-de-chaussée un vestibule, le cabinet du secrétaire, la salle des séances du Conseil municipal, qui sert en même temps de cabinet du maire et de salle des mariages, très haute et très vaste pièce éclairée par des fenêtres donnant sur la rue et sur le préau de l'école, une petite pièce servant de bibliothèque municipale, et la classe mixte ; au 1er étage, le logement du secrétaire-instituteur.

C'est une propriété communale.

Écoles. — Voir ci-dessus : *Mairie.*

Église. — L'église, sous le vocable de sainte Madeleine, est située rue de la Mairie. Enclavée dans des constructions privées, c'est un bâtiment moderne sans aucun caractère, que surmonte un modeste clocher d'origine romane.

L'intérieur renferme quelques toiles modernes qui n'ont de remarquable que leur dimension, exagérée pour un monument aussi peu important.

La sacristie contient la tombe de Pierre de Montesquiou, comte d'Artagnan, maréchal de France, gouverneur d'Arras, enterré en 1725 dans le chœur de l'église.

La superficie du terrain occupé est de 400 mètres.

La commune en est propriétaire.

Temple, synagogue. — Néant.

Presbytère. — Le presbytère est situé n° 67, rue de Versailles (chemin vicinal de grande communication n° 60, du Plessis-Piquet à Bonneuil).

Il fut acquis de Mlle Mélanie Lamette, le 8 juin 1878, pour la somme de 11.000 francs, qui se composait : de 3.000 francs provenant de la vente de l'ancien cimetière, de 1.000 francs payés par la commune et d'un secours de 7.000 francs, accordé par l'administration préfectorale.

Avant cette époque, le curé était logé dans une maison louée spécialement à cet effet.

La superficie du terrain est de 633m 60.

C'est la propriété de la commune.

Cimetière. — Le cimetière est situé rue de Versailles. Son terrain, d'une contenance de 17 ares 9 centiares, a été acheté, le 15 janvier 1862, au prix de 10.300 francs.

La réfection des murs s'est faite, en 1895, au prix de 1.164 fr. 69.

Le cimetière contient un caveau dépositoire dont la construction, en 1880, a coûté 500 francs.

Une dépense de 295 francs, pour réparations, a été votée en 1896. La commune en est propriétaire.

Tombes militaires. — Dans le cimetière se trouvent deux terrains de 2 mètres superficiels chacun, contenant, l'un, le corps d'un soldat français, l'autre, le corps d'un soldat allemand.

Hospice. — Néant.

Hôpital. — Néant.

Morgue. — Néant.

Crèche. — Néant.

Dispensaire. — Néant.

Fourneau économique. — Néant.

Théâtre. — Néant.

Abattoir. — Néant.

Fourrière. — Néant.

Terrains communaux. — Les terrains communaux se composent de 15 ares de terre labourable, d'un seul tenant, situés au lieu dit « le Pierrier », et loués (délibération du 21 février 1897) à un habitant du pays, pour une durée de douze années et moyennant une redevance annuelle de 30 francs.

Fort. — Néant.

§ II. — DÉMOGRAPHIE

A. — POPULATION

Les recensements faits depuis 1801 donnent les résultats suivants :

1801	263 [1]
1817	208
1831	217
1836	201

[1] Un siècle auparavant, en 1709, lors du dénombrement des paroisses de la Généralité de Paris, la population du Plessis-Piquet (à cette époque le Plessis-Raoul) ne comprenait que 28 feux. (*Appendice* (p. 426) *au Mémoire de la Généralité de Paris pour l'instruction du duc de Bourgogne*, publié dans la Collection des documents inédits de l'Histoire de France, par M. de Boislisle.)

1841	234
1846	192
1851	259
1856	271
1861	321
1866	338
1872	266
1876	326
1881	348
1886	407
1891	422
1896	475

Le chiffre de la population de la commune est devenu sensiblement supérieur à ce qu'il était au commencement du siècle, puisqu'il a presque doublé; la commune est cependant l'avant-dernière comme importance du nombre d'habitants sur l'ensemble de toutes les communes du département.

Les tableaux dressés à la suite du dernier recensement contiennent les renseignements suivants :

Population *résidente :* 475.

Résidents présents	428	475 habitants
— absents	8	
Population comptée à part. . .	39	

La population *recensée comme présente*, le 29 mars 1896, se décompose ainsi :

	ENFANTS ou célibataires	MARIÉS	VEUFS	DIVORCÉS	TOTAL
Hommes.............	147	99	18	1	265
Femmes.............	91	96	24	2	213
	238	195	42	3	478

La population du Plessis-Piquet, au point de vue de la provenance, se divise ainsi :

10/15es d'habitants venus de divers points de la France ;

4/15es d'habitants nés au Plessis-Piquet ;

1/15e d'Alsaciens et d'étrangers.

Le classement de cette population par nationalités est résumé dans le tableau suivant:

		HOMMES	FEMMES	TOTAL
FRANÇAIS.	Nés de parents français............	244	204	448
	Naturalisés	2	4	6
ÉTRANGERS	Allemands	2	1	3
	Belges..........................	1	3	4
	Italiens............................	1	»	1
	Suisses............................	4	1	5
	Russes	11	»	11
		265	213	478

Les départements de la France qui fournissent à la commune le plus fort contingent sont:

Seine (non compris le Plessis-Piquet) . .	107
Seine-et-Oise	49
Sarthe.	20
Eure-et-Loir	13

En résumé, la population du Plessis-Piquet est ainsi résumée d'après le lieu de naissance:

Français . . .	454 dont . . .	89	nés dans la commune.
Étrangers. .	24 dont . . .	»	nés dans la commune.
Soit un total de.	478 dont . . .	89	nés dans la commune.

Dans l'année 1897, l'état civil a enregistré:

10 naissances;
7 décès;
1 mariage;
1 divorce.

B. — HABITATIONS

Nombre de maisons: 119.

Habitations	composées	d'un rez-de-chaussée.	19
—	—	d'un étage.	71
—	—	de deux étages.	27
—	—	de trois étages ou plus. . .	2
		Total.	119

dont		100 occupées
et.	. . . .	19 vacantes
Nombre de logements. . . 153, occupés par. . .		35 isolés
	et . . .	118 familles.

20 ateliers.
7 magasins ou boutiques.

C. — DIVERS

Électeurs inscrits en 1898. — 127.

Recrutement. — 3 conscrits ont tiré au sort en 1898.

Chevaux. — 74 chevaux, appartenant à 23 propriétaires :

Chevaux entiers .	12	dont	»	au-dessous de 6 ans et	12	au-dessus
Chevaux hongres. .	37	dont	»	—	37	—
Juments.	25	dont	2	—	23	—
Totaux	74	—	2	—	72	—

Voitures. — 25 voitures, appartenant à 21 propriétaires :

	15	à 2 roues, attelées	de 1 cheval
	6	— —	de 2 chevaux
	3	à 4 roues, attelées	de 1 cheval
	1	— —	de 2 chevaux
Total. . .	25		

§ III. — FINANCES

A. — CONTRIBUTIONS

Principal des contributions directes en 1898 :

Contribution foncière.	4.892 »
— personnelle et mobilière .	2.606 »
— des portes et fenêtres. .	1.226 »
— des patentes.	1.285,30
Total .	10.009,30

Perception des contributions. — La commune dépend de la perception de Sceaux. Le percepteur de cette circonscription se rend à la mairie du Plessis-Piquet, le 1er mardi de chaque mois, de

11 heures à 3 heures. Il se tient également, à Sceaux, rue Florian, 13, les vendredis et samedis, de 9 heures à 3 heures.

B. — OCTROI

Il n'existe pas d'octroi dans la commune.

C. — FINANCES COMMUNALES

Recettes ordinaires d'après le compte de 1896.	17.883,15
— extraordinaires — — .	885,95
Total	18.769,10 [1]
Dépenses ordinaires d'après le compte de 1896.	17.428,37 [2]
— extraordinaires — — .	922, » [2]
Total.	18.350,37 [3]

Les dépenses ordinaires se répartisssent ainsi entre les principaux services :

1° Administration et police . . .	3.134,84
2° Voirie	7.912,43
3° Bienfaisance	205, »
4° Enseignement	1.641,02
5° Dépenses diverses.	4.266,30

Emprunts. — Néant.

Secours. — La commune a reçu, à différentes reprises, depuis 1890, des secours pour l'exécution des travaux énumérés ci-après:

Année 1890. — Construction d'un abreuvoir . .	1.200 fr. »
Année 1894. — Travaux aux murs du cimetière .	500 fr. »
Année 1896. — Réparations à la mare communale	800 fr. »

Valeur du centime en 1897. — 98 fr. 02.

Nombre de centimes. — 98 centimes ordinaires, non compris

(1) Ces recettes constituent les ressources normales de la commune.

(2) Non compris les restes à payer devant figurer au Compte administratif de l'année suivante.

(3) Ce total représente les dépenses normales de la commune.

les 3 centimes pour frais de perception des impositions communales.

Charges par habitant. — 30 fr. 04.

Receveur municipal. — Le percepteur des contributions de Sceaux remplit les fonctions de receveur municipal de la commune du Plessis-Piquet.

Il reçoit, à cet effet, une indemnité de 715 francs.

II. — SERVICES PUBLICS

§ I. — BIENFAISANCE

Bureau de Bienfaisance. — Cet établissement charitable distribue aux indigents des secours en nature: pain, viande et combustibles et leur fait donner, en cas de maladie, les soins nécessaires.

Il n'y a ni médecin, ni sage-femme attachés au Bureau de Bienfaisance.

Six familles, représentant 11 individus, sont inscrites au Bureau de Bienfaisance.

En outre, le Bureau distribue, chaque hiver, des secours à des indigents non inscrits.

D'après la dernière situation financière, le budget s'est élevé en dépenses et en recettes, exactement, à 840 francs.

Les revenus de l'établissement étant inférieurs à 30.000 francs, c'est le receveur municipal qui est, de droit, trésorier du Bureau ; il reçoit, à cet effet, une allocation annuelle de 31 francs.

En 1885, M. L'Hermite légua aux pauvres la somme de 5.000 francs.

En 1886, le vicomte Maison fit une disposition testamentaire analogue; la somme était de 10.000 francs.

Hospice. — Néant.

Hôpital. — Néant.

Traitement des malades dans les hôpitaux de Paris. — Les malades de la commune sont envoyés en traitement dans les hôpitaux de Paris.

Conformément aux délibérations du Conseil général, du 3 avril 1890, le Conseil municipal a pris, le 23 juin 1890, une délibération à ce sujet. La commune n'est pas abonnée; mais les frais de maladie sont payés aux hôpitaux par jour, et chaque malade n'y doit être reçu que muni d'un certificat délivré par la mairie.

La somme payée, pour la dernière année, a été de 157 francs.

Assistance à domicile.— Par délibération en date du 18 décembre 1895 et 26 avril 1896, le Conseil général a fait inscrire au budget départemental une somme annuelle de 50.000 francs, destinée à subvenir à l'assistance à domicile des vieillards indigents, infirmes et incurables. La part contributive du département sera déterminée par l'Administration et devra correspondre au tiers de l'allocation municipale qui, d'ailleurs, est facultative.

Les conditions d'âge sont 65 ans pour les indigents valides; elles ne sont pas applicables aux infirmes et aux incurables.

Il faut, en outre, avoir séjourné depuis dix ans à Paris ou dans une commune du département.

Aucune disposition n'a encore été prise par la commune.

Aliénés.— Aucun aliéné, ayant au Plessis-Piquet son domicile de secours, n'a donné lieu, pendant les dernières années, à des dépenses.

Les proportions pour lesquelles les communes du département doivent contribuer aux dépenses des aliénés ont été fixées par délibération du Conseil général, du 27 décembre 1886, à 20, 25, 30 et 35 % sur la dépense totale, suivant le revenu de la commune.

La part éventuelle du Plessis-Piquet est de 20 % dans les dépenses des aliénés qui sont à sa charge.

Enfants assistés. — L'hospice des Enfants Assistés par le département de la Seine est situé à Paris, rue Denfert-Rochereau, n°s 72 et 74.

La part afférente à la commune, pour l'année 1896, a été de 344 fr. 35.

Enfants moralement abandonnés. — Aucune dépense n'a incombé à la commune, de ce chef, en 1896.

Protection des enfants du 1er âge. — En 1896, les déclarations faites par les parents, conformément à l'article 7 de la loi du 23 décembre 1874, se résument ainsi qu'il suit :

	AU SEIN	AU BIBERON	TOTAUX
Nombre d'enfants du Plessis-Piquet mis en nourrice dans le département de la Seine (hors Paris)........	1	1	2
Nombre d'enfants mis en nourrice hors du département de la Seine....................................	»	»	»
	1	1	2

Les déclarations d'élevage faites par les nourrices de la localité ont été de 4 enfants, tous nés dans le département de la Seine.

Crèche.— Néant.

Dispensaire. — Néant.

Fourneau économique. — Néant.

Secours aux familles des réservistes. — Un crédit de 50 francs est inscrit au budget de 1898 pour être distribué aux familles nécessiteuses des soldats de la réserve et de l'armée territoriale.

Propagation de la vaccine.— Chaque année, au mois d'octobre, des médecins de l'Institut de vaccine animale viennent vacciner et revacciner les enfants des écoles, âgés de plus de 10 ans.

Le service vaccine également tous les enfants amenés par leurs parents.

Il y a eu, en 1897, 9 vaccinations et 15 revaccinations.

Caisse des écoles. — Conformément aux dispositions de l'article 15 de la loi du 10 avril 1867, une caisse des écoles a été créée en 1882.

Situation en 1897 :

Recettes . .	350 »
Dépenses . . .	350 »
d'où balance . . .	» »

Bureau municipal de placements gratuits.— Néant.

Société de secours mutuels.— Une société de secours mutuels, qui n'a pas de dénomination spéciale, compte 19 membres honoraires et 42 membres participants.

Elle possède en caisse une somme de 4.548 fr. 90, caisse des retraites et fonds libres compris.

La commune lui accorde une subvention annuelle de 100 francs.

§ II. — ENSEIGNEMENT

Écoles.— Il n'existe au Plessis-Piquet qu'une école mixte, comprenant 52 élèves, 25 garçons et 27 filles, en y comptant les enfants à partir de 5 ans, qui y sont admis, la commune ne possédant pas d'asile.

Elle est dirigée par un instituteur.

Enseignement du chant, du dessin et de la gymnastique. — Le dessin y est enseigné dans les limites du programme.

Admission dans les écoles primaires supérieures et professionnelles de la Ville de Paris. — Néant.

Dons et legs faits aux écoles. — Néant.

Bibliothèque scolaire. — La commune n'ayant qu'une classe mixte, il n'y a qu'une bibliothèque scolaire.

Elle est composée de 138 volumes.

Des prêts sont faits aux enfants des écoles et à leurs familles.

Associations philotechnique et polytechnique. — Néant.

§ III. — VOIRIE

La longueur des voies de communication qui sillonnent le territoire de la commune est de :

1 route nationale	501m,10
1 route départementale	500m, »
1 chemin vicinal de grande communication	2.429m, »
11 chemins vicinaux ordinaires	7.186m, »
13 chemins ruraux	6.819m, »
Voirie urbaine	450m, »
Total	17.885m,10

Route nationale.— La route nationale *n° 186, de Versailles à Choisy-le-Roi*, traverse la commune au sud-ouest, sur un parcours de 501m 10.

Cette section comporte deux rangées d'arbres.

L'état de la route est satisfaisant et s'améliore sensiblement.

Route départementale.— La route départementale *n° 28, de Paris* (porte d'Orléans) *à Verrières*, parcourt la commune à l'extrémité Est, sur une longueur de 500 mètres ; elle a 12 mètres de largeur et comporte une chaussée empierrée de 6 mètres avec caniveaux.

Chemin vicinal de grande communication.— Le chemin vicinal de grande communication *n° 60, du Plessis-Piquet à Bonneuil*, commence sur le territoire de Clamart, à la route départementale n° 29 ; jusqu'à la traverse du Plessis-Piquet, la chaussée est pavée; elle présente une largeur de 6 mètres, hors traverse, et de 5 mètres ailleurs ; dans la première partie, les trottoirs ont 4 mètres de largeur et sont plantés; dans l'autre, ils n'ont que 1 mètre.

De la sortie du Plessis-Piquet à la rue du Four, à Sceaux, la chaussée, de 6 mètres de largeur, est empierrée : les trottoirs ont de 1 mètre à 1m 50. Une annexe de 191 mètres de largeur, comportant une chaussée empierrée de 6 mètres et des trottoirs de 2 mètres, se dirige vers Fontenay-aux-Roses.

L'empierrement est en assez bon état ; les pavages laissent, en général, à désirer.

Chemins vicinaux ordinaires.— Le tableau suivant donne la situation des chemins vicinaux ordinaires situés sur le territoire de la commune.

TABLEAU

NUMÉROS	DÉSIGNATION DES CHEMINS	LONGUEUR	ORIGINE	FIN	LARGEUR moyenne TOTALE	LARGEUR moyenne CHAUSSÉE	CHAUSSÉE NATURE	CHAUSSÉE ÉTAT	OBSERVATIONS
		mètres							
1	DE LA CAVÉE......	400	Chemin de grande communication, n° 60.	Chemin du Moulin de la Tour.	11 m	6 m	Empierrée	bon	
2	DU CARREAU......	550	id.	Chemin du Loup Pendu	8	5	Néant.	id.	
3	DU LOUP PENDU...	1.150	Limite du territoire de Châtenay.	Rue de la Ferme.	8	5	id.	assez bon	
4	DE L'ÉTANG D'ÉCOUTE S'IL PLEUT...........	600	Rue de la Ferme.	Chemin des Bœufs.	8	5	id.	bon	
5	DES BŒUFS OU DE MALABRY.......	2.150	Territoire de Châtenay.	Territoire de Châtenay.	10	6	id.	Méd.	Mitoyen avec Châtenay sur 100 mètres.
6	D'AULNAY...	970	Chemin de Fontenay.	id.	8	5	id.	id.	Mitoyen avec Châtenay sur 850 mètres.
7	DE LA CHAUSSÉE DU GRAND ÉTANG...	250	id.	Chemin de grande communication, n° 60.	8	8	Terre.	id	250 mètres à améliorer.
8	DE FONTENAY-AUX-ROSES..........	850	Chemin de grande communication, n° 60.	Territoire de Fontenay.	8	5	Empierrée.	bon	
9	DES MOUILLE-BŒUFS.........	40	Territoire de Fontenay.	Territoire de Châtenay.	10	6	id.	id.	
10	DE LA MICHERONNE	146	Chemin des Bœufs.	Chemin vicinal ordinaire n° 4.	6	4	Néant.	Méd.	
11	DES RENARDS.....	80	Chemin n° 5 de Fontenay-aux-Roses.	Territoire de Fontenay.	8	5	id.	bon	Mitoyen avec Fontenay-aux-Roses sur toute sa longueur.
	TOTAL.....	7.186							

Longueur totale à entretenir par la commune du Plessis-Piquet . . . . 7.186 mètres

Longueur à construire. . . . . »

Total pareil. 7.186 mètres

Les dépenses relatives à l'entretien se sont élevées, en 1896, à 3.407 fr. 25. (Le département a alloué une subvention de 1.320 francs.)

Travaux neufs sur chemins vicinaux ordinaires	Travaux faits dans l'année et dépenses correspondantes	Réfection de caniveaux et pose de bordures (chemin vicinal ordinaire n° 5).
	Projets en préparation, néant.	

Chemins ruraux.— Les chemins ruraux sont au nombre de 13 ; leur étendue est de 6.819 mètres.

Route militaire. — Néant.

Voirie urbaine. — Les rues de la commune sont au nombre de 3.

Voirie urbaine	Travaux faits dans l'année et dépenses correspondantes.	Néant.
	Projets en préparation.	Mise en état de viabilité d'un chemin entre le chemin de grande communication n° 60 et la route départementale n° 21.

Prestations. — Par suite de l'insuffisance des ressources ordinaires de la commune, applicables à l'entretien des chemins vicinaux, le Conseil municipal vote, chaque année, 3 journées de prestations dont la valeur en argent est appréciée par le Conseil d'arrondissement et le Conseil général.

Le rôle de l'année 1898 comporte 618 articles imposés, se décomposant comme suit :

260 journées d'homme à 2 francs.	520 »
155 journées de voiture à 2 fr. 25	348,75
118 journées de cheval à 2 fr. 25.	265,50

Sur ce nombre de journées, sont faites en nature:

42 journées d'homme;
63 journées de cheval;
36 journées de voiture.

Il y a lieu de remarquer que ce total se trouve réduit par suite de décharges, cotes indues et non-valeurs.

De plus, le Plessis-Piquet étant une des communes qui votent, chaque année, 5 centimes ordinaires, plus 3 journées de prestations, a reçu du département une subvention de 1.320 francs pour l'entretien des chemins vicinaux.

Entretien des rues et des chemins ruraux. — L'entretien des rues et des chemins ruraux est assuré par un cantonnier.

Balayage. — Les habitants sont tenus de balayer, une fois par semaine, au droit de leurs maisons.

Droits de voirie. — Voir *Annexes.*

Ponts. — Néant.

Rus. — Il a été fait mention à l'article « Hydrographie » du seul ru qui se trouve sur le territoire de la commune.

Son peu d'importance fait qu'il ne donne lieu à aucun curage.

La commune possède un abreuvoir public.

Port. — Néant.

Égouts. — Néant.

Enlèvement des boues. — L'enlèvement des boues est fait par le cantonnier.

Distance de Paris. — La distance de Paris (parvis Notre-Dame) au Plessis-Piquet (mairie) est de 10 kilomètres, en suivant la route départementale n° 28.

Distance du chef-lieu de canton. — Le Plessis-Piquet est situé à 3 kilomètres 400 mètres de Sceaux.

Distance des autres communes du canton :

Fontenay-aux-Roses est à 2 kilomètres 600 mètres.
Clamart est à 2 kilomètres 600 mètres.
Bagneux est à 3 kilomètres 500 mètres.
Châtenay est à 3 kilomètres 900 mètres.
Bourg-la-Reine est à 5 kilomètres 100 mètres.
Antony est à 5 kilomètres 600 mètres.
Montrouge est à 6 kilomètres 500 mètres.

Moyens de transport. — Aucun moyen de transport ne dessert directement le Plessis-Piquet. Ceux qui s'en rapprochent le plus sont : le chemin de fer de Sceaux, station de Robinson ; le chemin de fer de l'Ouest (ligne de Versailles), station de Clamart, et le tramway de Saint-Germain-des-Prés à Fontenay-aux-Roses. Aucune de ces localités n'a de service de voiture avec le Plessis-Piquet.

Billets d'ouvriers.— Voir *Sceaux* et *Clamart.*

Omnibus. — Néant.

Eaux. — La commune du Plessis-Piquet est alimentée par la Compagnie générale des eaux dont le siège social est à Paris, rue d'Anjou, n° 52, en vertu d'un traité en date du 15 juin 1874, approuvé par arrêté préfectoral du 30 janvier 1875, pour une durée de 75 années prenant fin le 30 janvier 1950.

Il existe 5 bornes-fontaines; 4 bouches d'eau sont disséminées dans la commune.

Il n'est pas fait de fourniture gratuite. Le prix pour la commune est de 100 francs le mètre cube par an.

Pour les particuliers, le tarif est le suivant:

250 litres	par 24 heures	55 francs	par an.
500	—	100	—
1.000	—	160	—
1.500	—	220	—

Et pour toute quantité excédant 1.500 litres, à raison de 90 fr. le mètre cube.

Éclairage. — Les rues sont éclairées au pétrole par les soins de la commune, au moyen de 15 appareils.

Les deux cantonniers sont chargés de l'allumage.

Achat de pétrole	250 »
Entretien des appareils	82,50
Salaires des allumeurs	365 »
Total	697,50

§ IV. — JUSTICE ET POLICE

Justice de paix. — La commune du Plessis-Piquet dépend de la justice de paix de Sceaux.

Les audiences de conciliation ont lieu le mardi et les audiences publiques le mercredi, de midi à 5 heures.

Offices ministériels. — Il n'y a pas d'officier ministériel dans la commune. Le notaire de Sceaux a le droit d'instrumenter dans la commune du Plessis-Piquet.

Commissariat de police. — Le Plessis-Piquet relève du commissariat de police de Sceaux. Les agents font des rondes quotidiennes dans la commune.

Gendarmerie. — La gendarmerie est située au Petit-Bicêtre, commune de Clamart. Elle est occupée par une brigade à pied qui fait des tournées journalières sur le territoire du Plessis-Piquet.

Garde champêtre. — Il n'y a qu'un garde champêtre dans la commune.

Messiers. — Néant.

§ V. — CULTES

Paroisse.— La paroisse du Plessis-Piquet constitue une succursale dont le titulaire reçoit un traitement de 900 francs par an.

Budget de la fabrique. — Les recettes du budget de la fabrique s'élèvent à 1.100 francs environ.

Fondations. — Néant.

Congrégations. — Néant.

§ VI. — SERVICES DIVERS

Poste, télégraphe, téléphone.— Le bureau de Sceaux est chargé du service postal dans la commune du Plessis-Piquet.

Il est fait deux distributions par jour.

Deux boîtes sont placées : l'une au Plessis-Piquet, rue de la Mairie; l'autre au hameau de Robinson, rue de Malabry; pour chacune d'elles il est fait deux levées par jour.

M. Hachette a fait établir dans sa propriété un téléphone privé.

Caisse nationale d'épargne (postale). — Néant.

Sapeurs-pompiers. — La compagnie des sapeurs-pompiers est en voie de réorganisation.

La commune possède une pompe et divers accessoires remisés dans la cour des écoles; le Refuge israélite en possède également une.

Marché. — Néant.

Pompes funèbres. — Aucun service de ce genre n'existe dans la commune; dans le cas où l'on voudrait une cérémonie plus imposante, il faut s'adresser au curé qui fait venir de Paris le matériel nécessaire.

Bureau de tabac. — La commune possède un bureau de tabac, rue de la Mairie, nº 6.

Bibliothèque municipale publique. — La bibliothèque municipale de prêts gratuits à domicile a été fondée en 1881.

Elle est installée dans une salle de la mairie et placée sous la direction du secrétaire.

Elle est ouverte tous les jours, de 7 h. 1/2 à 8 h. 1/2; de 11 h. 1/2 à 1 heure et de 4 heures à 6 heures.

2.440 volumes sont mis à la disposition des lecteurs qui ont été au nombre de 123.

La grande quantité de volumes et de lecteurs est tout à l'honneur de la commune, surtout si l'on considère le petit nombre d'habitants.

Archives de la commune. — Les archives de la commune se composent :

Des registres paroissiaux, depuis 1692 ;

Des registres de l'état civil depuis 1792 ;

Des registres des délibérations, de février 1788 à septembre 1790, de 1792 à 1795, de quelques délibérations détachées, de l'an IX à 1819, et de 7 registres, de 1820 à l'époque actuelle ;

Et de divers dossiers, tous modernes.

Tous ces registres sont cartonnés et en bon état.

§ VII. — PERSONNEL COMMUNAL

NOMBRE	EMPLOI	TRAITEMENT
1	Médecin de l'état civil	20 francs
1	Secrétaire de la mairie (emploi occupé par l'instituteur)	700 —
1	Receveur municipal (emploi occupé par le percepteur de Sceaux)	715 —
2	Cantonniers, chacun	1.200 —
1	Garde champêtre	1.000 —

III. — RENSEIGNEMENTS DIVERS

Fêtes locales et foires. — La fête communale a lieu rue de la Mairie, le 1er dimanche après le 22 juillet (sainte Madeleine, patronne de la paroisse) ; elle dure deux jours.

Courses de chevaux. — Néant.

Principales industries.— Une briqueterie occupant 8 ouvriers.

Commerce et productions du pays.— Les produits agricoles sont le grand commerce du pays; la culture de la fraise y est particulièrement importante.

Le tableau suivant donne un aperçu des principaux genres de culture :

TERRITOIRE			CULTURES LABOURABLES					CULTURES FOURRAGERES				CULTURES industrielles	ARBORICULTURE	HORTICULTURE		VITICULTURE	SUPERFICIE NON CULTIVÉE
Superficie totale	Agricole	Non agricole	Froment	Seigle	Avoine	Pommes de terre	Diverses	Betteraves	Diverses	Luzerne	Foin	Pommes de terre pour féculeries		de rapport	de plaisance		
hec.	hec.	hec.	hec.	hec.	hec.	hec.	hec.	hec.	hec.	hec.	hec.	hec.	hec.	hec.	hec.	hec.	hec.
341	324	17	43	5	47	4	24 (1)	7	10	13	»	19	22	26	90	4	10
			123					30				19	22	116		4	10
			324 hectares														

1. La culture des fraises occupe 14 hectures.

Rendement moyen par hectare ensemencé :

Froment	30 hectolitres
Avoine	60 —
Pommes de terre	450 quintaux
Betteraves	600 —
Vignes	50 hectolitres

Écoles libres. — Néant.

Établissements privés de bienfaisance. — Une société anonyme a fondé au Plessis-Piquet, au commencement de l'année 1889, un refuge destiné à recueillir les enfants du culte israélite, moralement abandonnés ou rebelles à l'autorité paternelle.

Cet établissement comprend 60 enfants de 10 à 18 ans, qui sont logés dans une ancienne propriété contenant un très grand parc, un potager remarquable et l'étang du Plessis-Piquet ; les pupilles sont, dès leur entrée, exercés aux travaux de la terre et se livrent dans la propriété, d'une contenance de 18 hectares environ, à la culture horticole et maraîchère, ainsi qu'aux métiers de menuisiers, charrons, meuniers, etc.

Les enfants y reçoivent une forte instruction primaire.

Sociétés diverses. — Néant.

Médecins, pharmaciens, sages-femmes. — A Sceaux.

Vétérinaire. — A Bourg-la-Reine.

ANNEXES

CONSEIL MUNICIPAL (1898)

(Effectif légal : 10 membres).

MM. PICARD, Émile, maire.

BOSON, Joseph, adjoint.

SÉRAN, Pierre, conseiller.

LAURENT, François, conseiller.

DESMARQUAIS, Ferdinand, conseiller.

MM. BARRÉ, Jules, conseiller.

CARTERON, Jean —

FOURET, René —

JACQUET, Victor —

LAINEZ, Louis —

TARIF DES CONCESSIONS

DANS

LE CIMETIÈRE

(Délibération du 7 novembre 1880, approuvée le 24 novembre 1880)

Des concessions perpétuelles, trentenaires ou temporaires de quinze ans, sont délivrées aux prix fixés par le tarif suivant :

CONCESSIONS PERPÉTUELLES

2 mètres superficiels. . . .	240	fr.
Chaque mètre en plus.	120	»

CONCESSIONS TRENTENAIRES

2 mètres superficiels.	150	fr.
Chaque mètre en plus.	75	»

CONCESSIONS TEMPORAIRES DE QUINZE ANS

2 mètres superficiels.	75	fr.
Chaque mètre en plus	37	50

DROITS DE SÉJOUR DANS LE CAVEAU PROVISOIRE

(Délibération du 7 novembre 1880, approuvée le 24 novembre 1880)

Les 30 premiers jours . . .	15	fr.
Les 15 jours suivants	10	»

Pour chaque jour en supplément des 45 premiers jours, 2 francs par jour.

TARIF DES DROITS DE VOIRIE

(Établi pour la première fois par délibération du 21 novembre 1897, approuvée le 30 décembre 1897)

---

§ 1. — CONSTRUCTIONS NEUVES

Alignement de bâtiment en maçonnerie ou pan de bois, par mètre linéaire de façade :

Rez-de-chaussée .	2 fr. 50
1er étage . .	2 fr. »
2e étage . .	1 fr. 60
3e étage	1 fr. »
4e étage et au-dessus. .	0 fr. 50

L'exhaussement de bâtiment sera soumis aux mêmes droits que ci-dessus.

Alignement de mur de clôture, par mètre linéaire de façade	1 fr. »
Alignement d'une clôture en planches, treillage, échalas, fossés, haies vives ou sèches, par mètre linéaire	0 fr. 25
Alignement de grille en fer sur mur, supplément par mètre linéaire.	0 fr. 50
Alignement de grille en bois sur mur, supplément par mètre linéaire.	0 fr. 25

Construction de bâtiment sur mur de clôture, mêmes droits que pour les constructions neuves, déduction faite des droits déjà appliqués au mur de clôture même.

Nota. — Dans les constructions neuves, les droits des ouvertures de portes et croisées seront perçus comme au § 4.

§ II. — CONSTRUCTIONS EN SAILLIE

Grands balcons ayant plus de 2 mètres de long et 0^m 22 de saillie, par mètre de longueur	8 fr. »
Petits balcons, droit fixe.	5 fr. »
Colonnes ou pilastres en pierre, bois ou fer, droit fixe	4 fr. »
Seuil en pierre, droit fixe	1 fr. »
Devanture de boutique, par mètre de longueur	2 fr. »
Borne isolée ou engagée, droit fixe . .	1 fr. »
Banc sur la face des maisons, droit fixe .	3 fr. »

Saillies mobiles

Auvent, store ou banne, par mètre linéaire	1 fr. »
Auvent de porte, dit marquise, par mètre linéaire	10 fr. »
Contrevents, volets, persiennes, grilles ou barreaux en saillie, pour chacun des objets, droit fixe . .	0 fr. 50
Volets non brisés excédant 0^m 80 de largeur, droit fixe	4 fr. »
Tableau-enseigne, lanterne, droit fixe. . .	4 fr. »

NOTA. — Le rétablissement des objets compris dans le § 2 ne donnera lieu qu'à la perception d'un demi-droit.

§ 3. — RECONSTRUCTION PARTIELLE DE MUR

Reconstruction partielle d'un mur au rez-de-chaussée, par mètre de longueur.	1 fr. 50
Reconstruction au-dessus du rez-de-chaussée et par étage, par mètre de longueur	1 fr. »
Chaperon de mur refait entièrement ou en partie, par mètre de longueur	0 fr. 25
Réparation partielle du mur de clôture, par mètre de longueur .	0 fr. 50

§ 4. — OUVERTURES

Ouverture d'une croisée en bâtiment neuf ou vieux, droit fixe.	2 fr. 50

Ouverture d'une porte bâtarde en bois, pleine, droit fixe	3 fr. 50
Ouverture d'une porte bâtarde (grille en fer ou en bois à jour), droit fixe	5 fr. »
Ouverture d'une porte cochère ou charretière en bois, pleine, droit fixe	6 fr. »
Ouverture d'une porte cochère ou charretière (grille en fer ou en bois à jour), droit fixe	10 fr. »
Ouverture d'une baie de boutique (indépendamment du droit adhérent à la devanture), par mètre de longueur	2 fr. »

§ 5. — RAVALEMENT PARTIEL OU GÉNÉRAL

Ravalement partiel ou général de la façade d'une maison, par mètre linéaire et par étage	0 fr. 25
Ravalement partiel ou général d'un mur de clôture, par mètre de longueur.	0 fr. 50
Revêtissement de dalles ou rocailles en ciment pour soubassement, par mètre de longueur.	1 fr. »
Étai, chevalement, contrefiche, chaque .	3 fr. »

DROITS DIVERS

Barrière ou échafaudage devant les travaux, par mètre et par mois (sans fraction)	0 fr. 50
Dépôt de matériaux sur la voie publique, par mètre superficiel et par mois (sans fraction)	0 fr. 50
Tuyaux de descente des eaux ménagères, gouttières, droit fixe.	1 fr. »
Pissotière ou cuvette, droit fixe. . .	2 fr. »
Établissement d'une tente, droit fixe	3 fr. »

TABLE

§ V. *Cultes*

§ VI. *Services divers*

§ VII. *Personnel communal*

III. — RENSEIGNEMENTS DIVERS

ANNEXES

COMPOSÉ, IMPRIMÉ ET BROCHÉ
PAR LES PUPILLES DU DÉPARTEMENT DE LA SEINE
ÉLÈVES DE L'ÉCOLE D'ALEMBERT
A MONTÉVRAIN

LE PLESSIS-PIQUET

COMPARAISON

DE LA

POPULATION

ET DES

RECETTES ORDINAIRES

Relevées aux époques de Recensement

(1801 à 1896)

Un millimètre de hauteur représente 500 habitants.

15.000
12.500
10.000
7.500
5.000
2.500

Nombre d'habitants.

1801 1817 1831 1836 1841 1846 1851 1856 1861 1866 1872 1876 1881 1886 1891 1896

Montant des recettes.

25.000
50.000
75.000
100.000
125.000
150.000

Un millimètre de hauteur représente 5000 francs.

EN DÉPOT

A LA PRÉFECTURE DE LA SEINE

DIRECTION DES AFFAIRES DÉPARTEMENTALES

BUREAU DES COMMUNES

(Annexe Est de l'Hôtel de Ville)

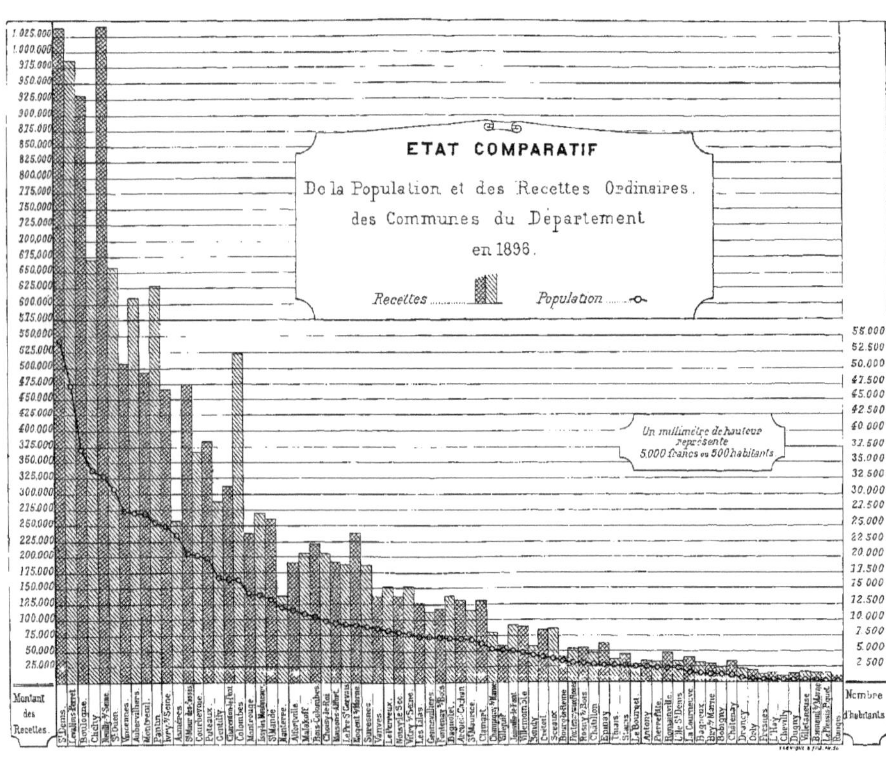
ETAT COMPARATIF
De la Population et des Recettes Ordinaires,
des Communes du Département
en 1896.
Recettes
Population
Un millimètre de hauteur représente 5,000 francs ou 500 habitants
1.025.000
1.000.000
975.000
950.000
925.000
900.000
875.000
850.000
825.000
800.000
775.000
750.000
725.000
700.000
675.000
650.000
625.000
600.000
575.000
550.000
525.000
500.000
475.000
450.000
425.000
400.000
375.000
350.000
325.000
300.000
275.000
250.000
225.000
200.000
175.000
150.000
125.000
100.000
75.000
50.000
25.000
Montant des Recettes.
55.000
52.500
50.000
47.500
45.000
42.500
40.000
37.500
35.000
32.500
30.000
27.500
25.000
22.500
20.000
17.500
15.000
12.500
10.000
7.500
5.000
2.500
Nombre d'habitants
St Denis.
Levallois-Perret
Boulogne.
Clichy.
Neuilly s/Seine
St Ouen.
Vincennes.
Aubervilliers.
Montreuil.
Pantin.
Ivry s/Seine.
Asnières.
St Maur des Fossés
Courbevoie.
Puteaux.
Gentilly.
Charenton-le-Pont
Colombes.
Montrouge.
Issy-les-Moulineaux.
St Mandé.
Nanterre.
Alfortville.
Malakoff.
Bois-Colombes.
Choisy-le-Roi
Maisons-Alfort.
Le Pré St Gervais
Nogent s/Marne
Suresnes.
Vanves.
Le Perreux.
Noisy-le-Sec.
Vitry s/Seine.
Les Lilas.
Gennevilliers.
Fontenay s/Bois
Bagnolet.
Arcueil-Cachan
St Maurice.
Clamart.
Champigny s/Marne
Villejuif
Joinville-le-Pont
Villemomble
Bondy
Créteil.
Sceaux
Bourg-la-Reine
Fontenay-aux-Roses
Rosny s/Bois
Châtillon
Epinay
Thiais.
Stains
Le Bourget.
Antony
Pierrefitte.
Romainville.
L'Ile St Denis
La Courneuve.
Bagneux
Bry s/Marne
Bobigny
Châtenay
Drancy
Orly
Fresnes
L'Hay
Chevilly
Dugny
Villetaneuse
Bonneuil s/Marne
Le Plessis-Piquet
Rungis

Monographie des Communes du Département de la Seine.

LE PLESSIS-PIQUET

Limites actuelles de la Commune reportées sur la Carte dite des Chasses. (1764-1773)

Echelle de $\frac{1}{10000}$

Reproduction d'Erhard.

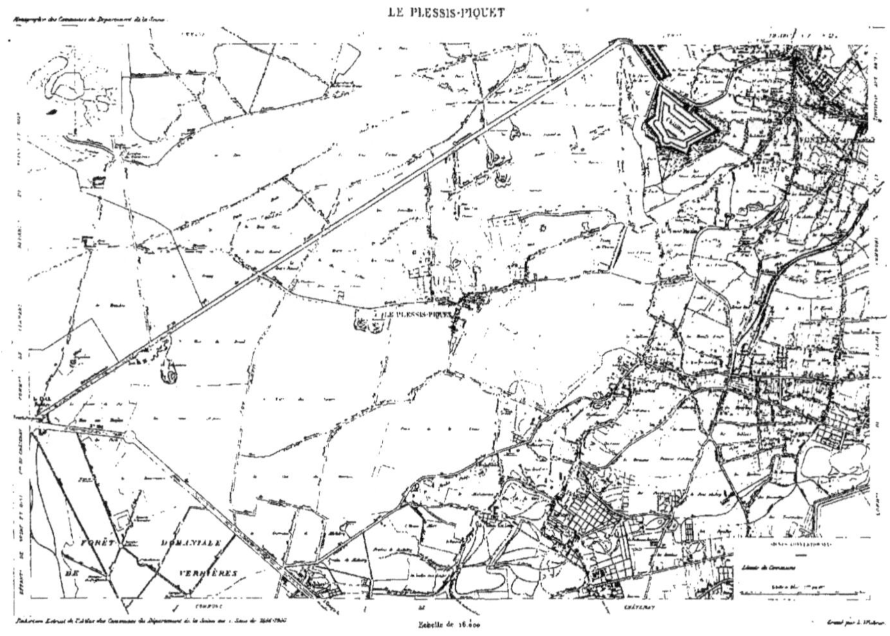
LE PLESSIS-PIQUET
LE PLESSIS-PIQUET
FORÊT DOMANIALE DE VERRIÈRES
CHÂTENAY
Echelle de 16.000

www.ingramcontent.com/pod-product-compliance
Lightning Source LLC
LaVergne TN
LVHW010031230826
846091LV00005B/1664

9782013624442